Benjamín Jarnés

Lo rojo
y
Lo azul
NOVELA

Edición
Juan Herrero Senés

- STOCKCERO -

ISBN: 978-1-934768-87-7
Library of Congress Control Number: 2017946161

Set in Linotype Granjon font family typeface
Printed in the United States of America on acid-free paper.

Published by Stockcero, Inc.
3785 N.W. 82nd Avenue
Doral, FL 33166
USA
stockcero@stockcero.com

www.stockcero.com

Benjamín Jarnés

Lo rojo
y
lo azul

Homenaje a Stendhal

NOVELA

1932

Índice

Lo rojo y lo azul: AUTOBIOGRAFÍA, COMPROMISO SOCIAL Y ÁLGEBRA DE METÁFORAS

GESTACIÓN DE LA OBRA

En 1928 Jarnés publica la que sería su segunda novela, *El convidado de papel*. Se narran en ella las peripecias de un joven —con rasgos que lo identifican claramente con el autor- en sus años de estudio en un seminario. *El convidado* es en realidad, pese a la fecha de su publicación, la primera novela de Jarnés en un doble sentido: por una parte, es al parecer la primera que salió de su pluma; y en segundo lugar, es la novela que se retrotrae más lejos: a los años de seminario. Después de ellos, vendría para el joven Jarnés el paso por la academia militar. Del mismo modo, después de publicar *El convidado* vinieron los primeros fragmentos de lo que luego sería *Lo rojo y lo azul*. Esta novela se inscribe perfectamente, por tanto, en esa transfiguración literaria de su trayectoria biográfica que es en cierto modo toda la producción jarnesiana.

Así, en marzo de 1929 se publica en *Revista de Occidente* la narración «Circe» (número 45, páginas 289-323), incluida primero en el libro de relatos *Salón de estío*. Dos años después, en octubre de 1931, la misma revista publica otra narración, «Lo rojo y lo azul» (número 100, páginas 1-30). Ambas historias constituyen la matriz de la novela publicada meses después bajo el segundo título, junto a otro fragmento titulado «El centinela» aparecido en la cubana *Revista de Avance* (número 36, julio de 1929, páginas 198-201).

Existen otros datos que pueden ayudarnos a aclarar el ambiente de gestación de la novela. Tenemos, por una parte, que los últimos compases de los años veinte son un momento dulce para las novelas con ambiente militar; especialmente las centradas en la I Guerra Mundial alcanzan un gran éxito dentro y fuera de España. El caso más sonado es sin duda el de *Sin novedad en el frente*, la novela pacifista de Erich Maria Remarque que precisamente Jarnés, en colaboración con Eduardo Foerstch, vertió al castellano. Editada en 1929, la novela vendió en dieciocho meses dos millones y medio de ejemplares en veinticinco idiomas. Pero es que ese mismo año se publicaron entre otros *Adiós a las armas* de Hemingway o *Adiós a todo esto*, las memorias de guerra de Robert Graves. Vendrían luego títulos como *Doce hombres y un capitán* de Theodor Pliever o *Vuelo nocturno* de Antoine de Saint-Exupéry. En el caso de autores autóctonos, la neutralidad española en la guerra mundial hizo que la acción se trasladara normalmente a la guerra hispano-marroquí, que había acabado en 1926 y en la que habían participado no pocos de los jóvenes escritores de la nueva generación literaria. De ella hablan *Notas marruecas de un soldado* (1923) de Giménez Caballero, *El blocao* (1928) de José Díaz Fernández o *Imán* (1930) de Ramón J. Sender. Esta guerra también tendrá su papel, como veremos, en *Lo rojo y lo azul*. De hecho, sabemos por una carta de Ramón J. Sender a Jarnés de mayo de 1930 que este último proyectaba una novela de tema militar, al parecer centrada en sus vivencias de Larache, el protectorado español del Sáhara. En esa misma carta Sender comenta que «hay una visión administrativa de esas cosas curiosísima y muy propicia para el humor.» Y un dato más: El 26 de agosto de 1931 Jarnés reseña la novela de Víctor Margueritte, *¡Non!*, un alegato contra la guerra y el militarismo, y alude a su palpitante actualidad a la hora de plantear «el problema de la resistencia al cuartel».

En marzo de 1930 Jarnés, junto a nutrida representación de intelectuales castellanos, participa en un encuentro de camaradería con escritores catalanes en Barcelona que culmina en un banquete celebrado el 23 de marzo en el Hotel Ritz. Esta visita debió despertar en Jarnés los recuerdos de su estancia en la Ciudad Condal en 1910 como soldado, y que son los que aparecen ficcionalizados en *Lo rojo y lo azul*.

Además, la gestación de la novela se corresponde con unos años cruciales en la trayectoria de Jarnés en un periodo crítico de la historia de España: la decadencia de la dictadura militar de Primo de Rivera, y la serie de gobiernos de transición que se repiten hasta que en abril de 1931 se instaura la República. Es precisamente en esos años cuando Jarnés siente de una manera fuerte lo que podría llamarse un «impulso cívico» y se dedica a escribir artículos sobre la realidad social más inmediata, que en muchos casos son llamadas a la tolerancia, a la calma, y a un cambio social paulatino. Con el paso de los meses, y especialmente después de abril de 1931, los artículos de Jarnés dedicados al análisis de la política inmediata decrecieron y el conjunto de su producción ensayística progresivamente invirtió su signo. De la alegría se pasó a la displicencia, y ésta se entremezclaba con fases de desdén por los asuntos políticos, para desembocar en el tono de denuncia social generalizada que domina en su libro de ensayos más importante de los treinta, *Fauna contemporánea*, confeccionado a partir de artículos publicados en la prensa entre 1930 y 1933. Jarnés moduló sus esperanzas en un verdadero cambio social, y afirmó con insistencia que, pese al salto que la instauración de la República suponía para España, aún quedaba muchísimo trabajo por hacer (uno de sus artículos se titula significativamente «Residuos del hombre arcaico»). Por ello reclamaba con ahínco un equipo de «pedagogos inteligentes» o de «técnicos de la democracia» —que era tanto como decir de la República— que actuaran como profesores del hombre de la calle inculcando en él ciertas ideas, afirmando en el pueblo «cierta continuidad ideológica» y sobre todo, frente a las voces de crítica al nuevo régimen, calma.

Si bien *Lo rojo y lo azul* remite cronológicamente a la segunda década del siglo, cuando Jarnés ingresa en el ejército, y alude a la insurrección en el Cuartel militar del Carmen, en Zaragoza en 1920, el hecho de que la novela incluya un episodio así en realidad traía a la mente de todos los lectores la fracasada sublevación de Jaca del 12 de diciembre de 1930, cuando el capitán Fermín Galán se alzó contra el directorio militar y proclamó durante unas horas la República.

La trama, la historia

Como hemos ido insinuando, la historia que se nos explica en *Lo rojo y lo azul* tiene tres fuentes principales: la biográfica, la histórica y la literaria. En cuanto a la primera, un repaso somero a los años de juventud de Jarnés ilumina cuán autobiográfica es la novela. Entre 1900 y 1909, Jarnés

pasó por tres seminarios: el de Belchite, el General Ponti-
ficio de San Valero y San Braulio de Zaragoza y finalmente el de San Francisco de Paula, que abandonó tras ter-
minar el segundo curso de teología. Y en febrero de 1910
se incorporó al ejército, más concretamente al Regimiento
de Infantería Aragón número 21, con batallón en Barcelona. Sólo un año después, en 1911, fue ascendido a teniente y en 1912 fue destinado a Zaragoza, donde comenzó
a simultanear su profesión de militar con los estudios de
magisterio. Son estos meses de instrucción militar en Barcelona los que Jarnés va a convertir en el argumento de la
novela.

En cuanto a la fuente histórica, la novela narra en su
tercera parte una rebelión militar que se basa en la que
ocurrió en el Cuartel Militar del Carmen en Zaragoza, en
1920, lo que un libro de la época llamó exageradamente
«unas horas de gobierno soviético en Zaragoza» (Mariano
Sánchez Roca). Dentro de un tenso ambiente de lucha
social que dominaba en la ciudad de Zaragoza en esas
fechas -y que a la larga produciría la dictadura primorri-
verista-, la noche del 8 al 9 de enero de 1920, el anarquista
Ángel Chueca, que se ganaba la vida vendiendo periódicos
en el Paseo de la Independencia, intentó una sublevación
del cuartel. Pero la llevó a cabo sin hacer partícipes a los
sindicalistas de la ciudad, contando únicamente con su
propio esfuerzo y la colaboración de media docena de soldados del regimiento. La intentona fracasó, pero el ciego
arrojo de Chueca y el hecho de que la insurrección tuviera
como consecuencia la muerte de diez personas, entre los
que murieron aquella noche y los que fueron procesados
en juicio sumarísimo, dio al acto una fuerte repercusión
ciudadana de escala nacional.

Por lo que respecta a la falsilla literaria, desde su mismo título, *Lo rojo y lo azul* remite a la gran novela de Stendhal *Rojo y negro*, de la que en 1931 se cumplía el centenario de publicación. Stendhal era el novelista favorito de Jarnés y éste no dudó en homenajearlo. Ambos compartían la idea de la novela como forma estética superior, así como el interés por el análisis psicológico de los personajes, y, en un plano biográfico, una infancia infeliz, una carrera militar arrinconada por la literatura, y el amor por la música. Todos estos elementos juegan un papel en nuestra novela. De hecho, ya en *El convidado de papel*, la novela donde Jarnés narra sus años de seminario, se nos cuenta cómo Adolfo le presta a Julio una copia de *Rojo y negro*, y que tras su lectura Julio pasa a considerar a Julien su «ilustre camarada».

Ambas novelas, la francesa y la española, tienen como tema central la búsqueda de identidad del protagonista y narran como éste, indeciso, ensaya distintas vías para encontrar su lugar en la arena social. Ambas tienen como protagonista a un joven de provincias que prueba distintos lugares donde encontrar su nicho vital —el seminario, la carrera militar, la intriga política o la vida comercial burguesa- y se ve encarado con los personajes que pueblan esos mundos, sus procederes y sus normas. Así, la novela que nos ocupa explica la entrada en el mundo adulto de Julio Aznar, un joven que después de estudiar en un seminario de Zaragoza decide hacer carrera militar y es enviado a formarse a la ciudad de Barcelona. Allí descubrirá las miserias y mezquindades de la vida castrense, pero también la vida fascinadora de la gran ciudad y el nacimiento del amor. Será también allí donde por primera vez tome conciencia de la «cuestión social», en su doble perspectiva de la ineludible búsqueda de un porvenir, y de la necesidad de la lucha por la justicia social. Su indecisión entre las distintas posibilidades vitales le conducirán a tener que plantearse radicalmente quién es y cómo quiere vivir. La prueba definitiva vendrá cuando se le invite a participar, ya de vuelta a Zaragoza, en una rebelión militar.

Estructuralmente, la obra se divide en tres partes, «Invitación a la vida burguesa», «Evasión y nuevo rumbo» e «Invitación a la aventura». A su vez, cada una de estas partes se subdivide en epígrafes de extensión desigual, sin numerar y separados únicamente por un asterisco.

La primera parte arranca con la salida de Julio en tren desde Zaragoza en dirección a Barcelona, donde va a incorporarse a la vida militar. En el tren conocerá a Guillermina, una joven que aspira a ser a la vez actriz y solícita esposa de un rico burgués. Ya en Barcelona, Julio irá de descubrimiento en descubrimiento: primero, la miserable vida del cuartel, donde sólo se salva la figura de Arturo, un experimentado soldado que va a hacer las veces de huidizo padrino de Julio; segundo, la ciudad de Barcelona en su fascinante modernidad; y por si fuera poco, lo que le parece el amor en la figura de Cecilia, la joven hija de un comerciante de postales que le conmina insistentemente a buscarse un futuro para poder asegurarle un porvenir. Julio tratará de estudiar y probará diversos trabajos alimenticios, en los que siempre fracasa por desgana o despiste, pues uno tras otro encuentra que nada tienen que ver con sus intereses y aspiraciones. Lo mismo que, casi desde el principio, le ocurre con la vida cuartelaria. Esta parte termina con el descubrimiento por parte de Julio del fracaso de Guillermina en su búsqueda de la perfecta vida burguesa: no sólo no ha conseguido ningún pretendiente con fortuna, sino que tampoco ha triunfado como actriz por poseer unas piernas poco lustrosas. Lo que la aboca al mundo de la noche, reconvertida en bailarina picante de cabaret.

En la segunda parte, la más breve, Julio va a deshacerse definitivamente de los confusos impulsos que le conducían a perseguir una vida tranquila y acomodada. Primero, Julio traba amistad con don Braulio, profesor de contabilidad y que va a resultar en realidad un anarquista dedicado a distribuir literatura incendiaria. Éste inculcará en el cerebro del joven los ideales de justicia social y la necesidad de luchar, con el uso de la violencia, por la consumación de esos ideales. Braulio será, al final de esta parte, arrestado por la policía. Por otro lado, se nos narra las guardias nocturnas que el joven soldado hace y en las que la contemplación de Barcelona, bulliciosa e iluminada, desatan en el centinela sueños de liberación del amor por Cecilia, que se ha convertido ya en un peso por simbolizar la claudicación definitiva a un modo burgués de existencia. El amor por la joven muere rápidamente en el corazón de Julio, lo que éste festeja divirtiéndose en los brazos de Rubí, una compañera de trabajo. En el último capítulo de esta parte se va a producir un nuevo cambio de actitud: el arresto de Braulio y el bochorno que Julio siente al sentirse utilizado por un tendero que le solicitó un discurso conducen al joven soldado a sentir odio y deseo de venganza contra el sistema burgués que sustenta, bajo la pátina de igualdad, la explotación del hombre por el hombre.

Esa rabia contra el sistema económico tiene su otra vertiente en el creciente odio por el sistema militar. Al principio de la tercera y última parte, Julio, tras visitar a don Braulio, sueña que el cuartel se levanta en armas. Pero la revuelta fracasa porque los soldados prefieren el amor. De vuelta al mundo real, se produce el sorteo de soldados para ir al Rif a luchar en la guerra contra Marruecos. Julio no está entre los elegidos, pero sí su buen amigo Arturo, con el que tendrá una extensa conversación sobre la necesidad de dedicarse a la «salvación» a la humanidad o bien, como defiende Arturo, concentrarse en ayudar a la felicidad de ciertos individuos, entre ellos uno mismo. En ese momento, para Julio es prioritario verse envuelto en un proceso revolucionario colectivo, donde pueda expresar su odio, y pronto le llegará la oportunidad. Sus meses de formación han terminado y su batallón vuelve a Zaragoza. Es allí donde Julio se une a unos cuantos anarquistas que se proponen tomar el Cuartel. Guillermina, fracasada y herida de su aventura en Barcelona, y así también infectada por el odio al sistema de explotación burgués que la convierte en mero objeto de placer, también ha vuelto a la ciudad y se une a la conjura. La parte final de la novela narra el desarrollo frustrado del intento de rebelión, con un Julio en demasía movido por universos mentales de ideas, imágenes y ensoñaciones y por una íntima bondad, que se descubre incapaz de hacer daño y de moverse por el odio. La novela termina con una conversación entre un Julio convaleciente de un ataque nervioso y el teniente de su batallón.

LOS PERSONAJES

Al final de la novela *El convidado de papel* (1928 y 1934), encontramos a Julio Aznar recién salido del seminario zaragozano. Es un muchacho introvertido y taciturno que comienza a enfrentarse al mundo y tiene que encarar su proyecto vital. Es celoso de su individualidad y de sus opiniones. Pero a menudo bascula, como le ocurre al Julien Sorel stendhaliano, entre la indiferencia y el apasionamiento. Como Julien, Julio quiere medrar, pero no a costa de alguien; quiere integrarse en el tejido social, pero sin renunciar a lo que piensa, a sus sueños y a su modo de ver las cosas. Para ambos es sin duda la virtud superior la sinceridad, entendida como sinceridad para con uno mismo, esto es, ser fiel a lo que se es. Y para ambos tan importante como la realidad, que sin duda les maravilla y fascina tanto como les horroriza, es su mundo interior: sus lecturas, sus impresiones, sus ideas y en definitiva ese diálogo vital continuo de la propia intimidad que se va conociendo y puliendo al contacto con los hechos y las personas. Pero este ensimismamiento les convierte en «raros» frente a una sociedad materialista, movida en gran medida por la decisión oportuna y oportunista, la acción y las convenciones. Un mundo al que Julio/Julien tendrá que aprender a adaptarse sin traicionarse. Los sucesivos intentos de Julio por encajar en tareas o en acciones que siente no le son íntimamente propias —el ejército, el comercio, la lucha proletaria, la rebelión violenta- le enseñan y le van abriendo los ojos. Sus fracasos son en realidad éxitos vitales, aprendizajes, modos en que va conociéndose mejor y así perfilándose su personalidad. Julio fracasa en sus empresas específicas primero, porque se aprovechan de él, pero más importante porque no está dispuesto a mentirse a sí mismo: sobre lo que le gusta, lo que desea, para lo que se ve preparado o los valores que le mueven. Lo que queda especialmente claro al final de la historia, cuando su superior hace ver a Julio que con su fallida participación en la intentona del cuartel ha intentado actuar movido por un sentimiento (el odio) que en realidad no siente, y que además no comparte como motor válido de la acción. Del mismo modo, hemos ido comprobando a lo largo de las páginas cómo Julio no sentía el espíritu de disciplina y anulación de la individualidad necesaria para medrar en el mundo militar, o el afán economicista y calculador propio del exitoso comerciante.

Arturo es un militar experimentado, cuya auténtica pasión es la música, que va a intentar guiar a Julio en su vida en el cuartel y en su indecisión vital. Es con él que el protagonista mantiene largas conversaciones donde discuten la necesidad o no de adentrarse en la rebelión. Arturo defiende un punto de vista individualista, que declina responsabilidades colectivas a favor del cultivo del propio camino vital, representado aquí por la dedicación a la música. Por eso aconseja a Julio no inmiscuirse ni en la lucha social ni en la toma del cuartel, sino concentrarse en ampliar su conocimiento y disfrute de la realidad.

Cecilia es la hija de los dueños de la tienda de postales. Es bella y frágil de salud, y representa, en tanto que modelo de la esposa perfecta, la elección de la cómoda pero insulsa vida burguesa. La preocupación principal de Cecilia es que quien esté con ella tenga una buena posición y un buen sueldo, y así le insiste a Julio. La atracción inicial que este siente por ella, y que es en realidad una confusa mezcla de fascinación por la feminidad joven, anhelo de compañía e intentona de estabilidad vital, se deshará cuando Julio descubra, en su cabeza, que Cecilia no puede proporcionarle la felicidad porque le arrastra a un modo de vida que él no desea.

El otro personaje femenino importante en la obra es

Guillermina, una guapa muchacha provinciana que, como tantas otras, persigue las vanas ilusiones de triunfo artístico en la gran ciudad y busca asegurarse una cómoda vida burguesa junto a algún rico marido, y va a darse de bruces con una cruda realidad. Sus sueños de cantante y actriz, frustrados por unas piernas deficientes, se materializan en un trabajo de cabaretera que luce cuerpo y que es abusada por sus clientes como un mero juguete sexual. Su fracaso le conduce no sólo de vuelta a Zaragoza, sino que la insufla ideales de transformación social que la llevan a ser parte implicada en la rebelión militar.

Don Braulio es la representación del espíritu de justicia y de la necesidad de la transformación social, pero que legitima el uso de la violencia como medio. Bajo la tapadera de su trabajo como profesor en una academia, don Braulio escribe panfletos, organiza reuniones y prepara actos reivindicativos, para finalmente ser la pieza sacrificada cuando el intento pase a una nueva fase. Don Braulio funciona como el contrapunto de Arturo (acción colectiva frente a acción individual), de la misma manera que Guillermina y Cecilia se contraponen en su capacidad –o facilidad- de acomodación a la vida burguesa. En este sentido, estos cuatros personajes, además de funcionar como piezas de la trama, encarnan posiciones vitales frente a las que Julio tiene que tomar posición.

Por una revolución ética

Como hemos visto, *Lo rojo y lo azul* se estructura a partir de la peripecia de Julio en sus distintas «probaturas» vitales. Julio ensaya principalmente tres modos de vida: la vida militar, la vida burguesa y la vida revolucionaria. De todas proporciona Jarnés un crudo retrato, y en todas fracasará Julio por la misma razón fundamental: el conflicto entre los ideales que promueven, las prácticas que producen y la artificiosidad, vista desde la sinceridad personal, a la que conducen al individuo. En definitiva, hacen vivir una vida falsa, imponen al individuo la manera de comportarse y lo que es todavía peor, la manera de pensar. A decir de Jarnés, los tres modos de vida son en su núcleo rígidos sistemas de creencias y emociones, excluyentes de otros, que el individuo se ve obligado a interiorizar y aceptar para tener «éxito» dentro de esa vida, y que en ese sentido anulan la personalidad y no dejan al individuo pensar y expresar su interioridad, situando de alguna manera lo colectivo por encima de lo personal. Además, los tres modos proyectan demasiadas seguridades sobre la vida; en vez de descubrirla, aceptan una y única interpretación de ella, entienden esta visión como verdadera y no están dispuestos a modificar su opinión. Estas vidas están sobremanera pobladas de normas, y por tanto no pueden encarar la vida en su inseguridad, en su sorpresa cotidiana, en su hacerse cada día.

En cuanto a la vida militar, Jarnés denuncia la anulación total que produce del individuo, convertido en un número más sin capacidad de expresarse. El funcionamiento arcaico del estamento militar se basa en un escaso número de primitivas prácticas: el castigo, la sumisión, la obediencia y la santidad de la jerarquía. Además, Jarnés denuncia la falsedad de los ideales castrenses: lo que se publicita como eficaz defensa del Estado es en realidad una anticuada maquinaria de perpetuación del poder, el medio por el que los que mandan calman su sed de más poder manipulando a los que tienen por debajo. La vida en el cuartel es tediosa e idéntica y despoblada de toda imaginación y frescura. El soldado raso es la pieza básica del sistema, pues no piensa ni siente: marcha, hace guardias y recibe órdenes. Es masa y no individuo. Teniendo en cuenta que a la fecha de publicación de la obra Jarnés era todavía militar aunque en la reserva, la novela supone un durísimo ajuste de cuentas con la vida castrense.

El modo en que Julio se aligera de esta rígida existencia es a través de su relación con Cecilia. Pero pronto Julio se ve convertido en nada más que una posibilidad de un nuevo trabajador en la compañía de postales de los Palafrugell, y en aquel que debe formarse para poder proporcionar un porvenir a su joven novia y futura esposa. La vida burguesa se presenta como cómoda y poblada de seguridades. Al burgués le preocupa la estabilidad y el medro económico. Entiende la vida como una transacción financiera en la que el haber se impone al debe, y los hombres se juzgan por lo que «valen» para el negocio.

Además, la novela proporciona el retrato del surgimiento de una conciencia colectiva y de las luchas sociales de su tiempo, y narra un episodio de «iniciación social» común a otras novelas de esa época, particularmente *La Venus mecánica* (1930) de José Díaz Fernández y *Pero sin hijos* (1931) de Esteban Salazar Chapela. La vida revolucionaria, atractiva en sus altos ideales, es a la práctica un sistema de recelos y odios que asume la violencia cómo único medio de transformación y que en su lógica impositiva sitúa la justicia por encima de la libertad. A lo que se suma que se nutre de un caldo de cultivo de resentimiento que hace ojos ciegos a la miríada de existencias individuales y, en definitiva, a la personalidad.

Pero Jarnés está en el lado opuesto. En su opinión, todo nace del individuo. Cada persona debe primero formarse, conocerse, descubrir su intimidad -y no dejar de cuidarla- y buscar en todas sus acciones ser fiel consigo mismo. Sólo así podrá tomar decisiones. Todo ideal de reforma de la sociedad tiene como paso previo la conquista de esta «humanidad estética»: estética porque el hombre en plenitud es un fino paladeador de su sensibilidad que utiliza también para forjarse un ideal de vida colectiva en plenitud. Para Jarnés, enemigo del extremismo y la radicalización, aquel que en su comportamiento opta por una vida atada a ideales colectivos tiende a descuidar la intimidad y la fidelidad consigo mismo. La actitud ante la vida que Jarnés promueve es la del que acepta la vida como viene, con sus contingencias e inseguridades, y persigue ser fiel a sí mismo. Esto supone una revolución no tanto social o política como de sentido ético, de la manera en que los individuos encaran su existencia; frente al ardor del ideal y a la acción decidida, el héroe jarnesiano es vacilante, tímido, pero curioso ante todo lo que le rodea y celoso de su intimidad, y busca que sus palabras y sus actos no traicionen sus convicciones.

PROCEDIMIENTOS, METÁFORAS, GUIÑOS, ESTILO

Cuando Jarnés publica esta obra está considerado el novelista de vanguardia por antonomasia, y por ello el principal representante en la prosa de un fallido estilo preciosista, alambicado y cuajado de metáforas que, a decir de muchos, subordina los elementos estructurales del relato (la trama, los personajes) en favor del estilo, la musicalidad y la imagen lograda. Pese a que sabemos ahora que esta acusación tiene mucho de injusto, ciertamente era un lugar común en la crítica de la época, y por eso la aparición de *Lo rojo y lo azul* fue saludada como un cambio de tendencia. Por eso el novelista y crítico José Díaz Fernández, al reseñarla, consideró que únicamente con esta obra –a la que él unía su «primera parte», *El convidado de papel*– Jarnés había producido verdaderas novelas y no meros artefactos literarios. Así, concluía: «en *Lo rojo* se desenvuelve íntegramente [una acción novelesca] y atiende al espectáculo humano sin las deformaciones y enervamiento a que conduce el virtuosismo estético.» Ciertamente, y dicho en una frase, el número de metáforas por página se ve notablemente reducido respecto a otros libros jarnesianos, pero no queda, naturalmente, eliminado. Lo que ocurre es que Jarnés, en su afán de hacer llegar su mensaje a un público más amplio, y quizá algo fatigado de imaginería, opta por un realismo, precisamente, stendhaliano, que se complace en funcionar en primera instancia como «un espejo en el camino», pero siempre visto a través de un personaje. Esto es, este espejo es subjetivo y la novela contiene imágenes y múltiples planos simbólicos, pero éstos no se imbrican tanto en la construcción estilística, en el zurcido de las frases, como en la interpretación de sucesos y motivos. Es decir, Jarnés va a utilizar la imagen como principio estructural, a la manera de un mito. Esta imagen tiene que ver con la música.

Jarnés era un gran amante de la música, y en todas sus obras pueden encontrarse no sólo referencias a ella, sino la aplicación de principios musicales en las ideas de Jarnés sobre el ritmo, el estilo y la construcción novelesca. En este sentido, la novela que aquí nos ocupa puede considerarse la más completa. Argumentalmente baste recordar que Arturo se siente, antes que soldado, músico, y Guillermina es cantante. Pero la música lo impregna todo: en cuanto a la construcción, sus tres partes corresponden a las de una sinfonía: las partes primera y segunda desarrollan dos motivos centrales –el choque entre la personalidad de Julio y el mundo castrense, en la primera, y el choque con el mundo de la revolución social- que van a amalgamarse en la tercera, cuando Julio se vea envuelto en una rebelión en el cuartel.

Musical es también, además, un estilo basado en el entrelazado de motivos y voces, como si fueran instrumentos, y que se corresponden con los apartados separados por asteriscos. Jarnés combina los distintos escenarios por los que se mueve el protagonista y donde resuenan las voces contrapuestas de los personajes: las órdenes militares, los consejos de Arturo, las exigencias de Cecilia, los lamentos de Guillermina, los discursos de don Braulio y las requisitorias de los rebeldes. Y como un bajo continuo, en todo momento presente, la conciencia de Julio, modificada, impregnándose de las distintas tonalidades.

Musical es también la que podríamos considerar imagen central de la novela, una imagen que Jarnés también utiliza en artículos de la misma época: la equiparación del cuerpo social con la arquitectura musical. Se sugiere aquí que las distintas realidades sociales se construyen a la manera de formas musicales, es decir, a partir de principios de ritmo, tono y armonía. Las distintas conformaciones dan como resultado distintas músicas: el caso más claro es el de una marcha militar, que así, mimetiza en su construcción la disciplina militar: anulación de tonos intermedios, repetición, jerarquización, ritmo marcado, impersonalidad. Siguiendo con la metáfora, la realidad social tiene para Jarnés que acercarse al modo de funcionar de un coro, donde las voces, de diverso tono y textura, se armonicen y se unan libremente para un canto común. Idealmente, cada individuo, esto es cada cantante del coro, conservaría su individualidad, su voz propia, pero en vez de «cantar por libre» estaría dispuesto a armonizarla con el resto para componer una cantata armónica.

Otra imagen destacada de la novela tiene que ver con la contraposición entre los colores rojo y azul ya desde el título. Corresponden, por una parte, a los dos colores propios del uniforme militar de la época. Pero además se asocian con otros pares de realidades: por ejemplo, la elección entre el seminario y el ejército; a la disyuntiva entre la revolución social y el mantenimiento del orden. Y aún más, corresponden a la contraposición, cara al Jarnés de los treinta, entre lo material y lo espiritual.

También está presente en esta novela el mito, no sólo como elemento evocador sino como falsilla argumental: Cecilia es nada menos que Circe, la maga encantadora que atrae a Ulises con sus embelesos para que se quede con ella. Ulises, tras un tiempo, necesitará separarse de ella, matándola. Y eso le ocurre a Julio: atraído por la belleza de la joven Cecilia y por la vida modesta y ordenada que se promete a su lado, cae fascinado. Para lentamente darse cuenta de que no es esa su vida verdadera ni ella su fiel compañera. Cecilia no muere físicamente, sino que sale de sus fiebres, pero justo en las páginas anteriores Julio la ha visto morir en un sueño que resulta ser admonitorio. Esa muerte en el sueño señala la disolución del amor por ella en el interior de Julio.

En esta novela aparecen otros leitmotivs jarnesianos:

así, el juego de hacer a las hijas muy parecidas a sus madres -poniéndoles idéntico nombre incluso- para generar confusión en el protagonista, que debe en realidad conocer en cierta medida a la madre para poder darse cuenta de la individualidad de la hija, y que tiene su tratamiento superior en la novela *Paula y Paulita*. Encontramos también el momento de «excursión nocturna» por la ciudad, como ocurre en *Escenas junto a la muerte* o en la segunda versión de *El profesor inútil*. Es por la noche, parece decirnos Jarnés, cuando una ciudad revela su otra faz, a la par fascinadora y monstruosa, frente a la industriosidad diurna. Se mezclan las luces y las sombras y aquel que la contempla siente el vértigo de la vida moderna frente a su vacuidad individual. La ciudad abre las fauces para engullir a los hombres en bares, cabarets y prostíbulos. En los inmuebles de la misma calle dormita el burgués acomodado, la muchacha soñadora y el desvelado al que el llanto, o el ruido, no dejan dormir. La noche es simplismo de la oscuridad del deseo y del amor, del inconsciente y lo femenino.

Conclusión: vivir y gozar

En conclusión, diríamos que *Lo rojo y lo azul* podría considerarse la novela más «comprometida» o más «social» de Jarnés, con todas las complicaciones que tiene el uso de esas palabras, por varias razones que a la vez la singularizan dentro del corpus de su producción novelesca.

En primer lugar, por basarse directamente en un hecho histórico. Esa base histórica se imbrica con la «recreación voluptuosa» (eso es para Jarnés todo contar, recontar y fabular la propia biografía) de los años de formación militar de Jarnés.

En segundo lugar, la novela tiene entre sus fines la denuncia de lo que el autor considera falsos modos de vida: la vida militar, la vida burguesa y la vida revolucionaria.

Además, formal y estilísticamente, la novela se aleja del estilo «vanguardista» y «deshumanizado» y «fragmentario» de las anteriores novelas del autor, para proporcionar una narración continua y cernida donde la trama argumental tiene entidad suficiente y no está supeditada a la magia del estilo ni al cultivo de la frase -o la página- perfecta.

Es además esta novela donde más claramente el autor se enfrenta a los problemas de su tiempo. Su protagonista no vive casi exclusivamente, como en otras novelas de Jarnés, en su mundo de sensaciones y conquistas, sino que se ve envuelto en variados conflictos sociales y debe tomar postura frente a ellos y decidir cómo situarse frente a la realidad.

Finalmente, en conexión con todo lo anterior, diríamos que *Lo rojo y lo azul* se distingue por tener entre sus principales objetivos proponer explícitamente una ética posible. Es decir, la novela es un estudio sobre la sociabilidad y sobre las relaciones de clase en la España del momento, y el autor presenta una toma de posición clara contra el mesianismo, el extremismo y la radicalización -y por tanto la revolución violenta, representada por la sublevación militar en el cuartel-, a favor de la transformación social paulatina en la que el punto de partida fundamental no es el Estado o la colectividad sino el individuo.

Todas estas razones convierten a *Lo rojo y lo azul* en una novela singular dentro del corpus jarnesiano, pero a la vez la hacen una introducción idónea al universo del autor. Pues contiene todos los elementos medulares de su obra sin presentar las dificultades de lectura que otras novelas más rupturistas poseen.

Esta edición

El texto que presentamos se establece a partir de la única edición de la obra, publicada en 1932 por la editorial Espasa-Calpe, y que en el año 2001 fue reproducida en edición cuasi-facsimilar no venal por la misma editorial. En 2010 apareció otra reedición en la editorial Salto de Página. Se han tenido también en cuenta los criterios de José-Carlos Mainer en su reedición para la editorial Guara (Zaragoza, 1981). Sólo se han enmendado algunas erratas y regularizado el uso de mayúsculas.

Como es habitual en esta colección, abundan las notas al pie que aclaran palabras, expresiones y referencias culturales y cuyo único objetivo es facilitar la comprensión de la novela.

Bibliografía

La crítica sobre Benjamín Jarnés posee ya un volumen considerable, y ha sido recientemente ordenada por Juan Domínguez Lasierra: *Benjamín Jarnés (1888-1949). Bibliografía*. Instituto Fernando el Católico, Zaragoza, 2013, libro al que me permito remitir para consultas bibliográficas.

Lo rojo
y
lo azul

Homenaje a Stendhal

NOVELA

1932

Homenaje
1831-1931

A ti, viejo amigo Stendhal
En el primer centenario
De tu inimitable
Julián Sorel[1]

---

[1]   Julián Sorel es el protagonista de la novela *Rojo y Negro*.

I.
INVITACIÓN A LA VIDA BURGUESA

Salió de Augusta, pero no como otras noches, solo y sin rumbo, a ofrecerse como cuerda de violín a cualquier vibración nómada; hoy no podría detenerse a poner en contacto sus nervios con ningún temblor del río, de un pulso, de una estrella; el pretil[2] no era término, sino comienzo de la jornada.[3]

El puente estaba desierto. Los ómnibus de la próxima estación del Norte huían de él, resbalaban precipitadamente por su lomo desnudo, de color de acero, regado de luz por algún foco de automóvil. Ya no esperaba allí Carlota para tomar juntos el aire y el amor en un mismo ponche diariamente removido. También aquel agua y aquellas piedras se habían convertido en historia.

Como del río se alzaba una bruma donde bien podían rápidamente disolverse los últimos recuerdos, los fue lanzando al aire, y así todos los resortes de su espíritu –como sus brazos y sus piernas– comenzaron a adquirir la agilidad necesaria a cualquier juventud que se lanza a la pista azarosa de la vida. Su equipaje exterior se componía de un periódico de la noche, de un pasaporte militar y de una «lista de embarque» donde se le marcaba, oficialmente, bajo las penas más severas, una ruta. Su equipaje interior era demasiado voluminoso, aunque Julio no podía en-

---

2   *Pretil*: Pequeño muro en los puentes para preservar caídas.
3   *Augusta*: Es el nombre jarnesiano para la ciudad de Zaragoza y el río es naturalmente el Ebro, trasfondo de las aventuras del protagonista de *El convidado de papel*, novela a la que seguiría ésta que ahora empieza.

tonces advertirlo: posos[4] de toda la antigüedad se habían sedimentado allí.

Como iba a cambiar de vida, no solo de ciudad, al asomarse a la ventanilla para pedir su billete pudo decir al empleado:

—Una tercera para otra existencia.

Tenía veintiún años y un programa vital completamente en blanco. Pero en su atolondramiento, porvenir, pasado y presente se fundían. Al entrar en el andén no pensó en que un vagón de tercera le esperaba allí no sólo para transportarle a un cuartel, sino para sumergirlo en una fábrica de refundir individuos. Era recluta del último reemplazo y tránsfuga de un taller sacerdotal. Huérfano y sin fortuna. Solo frente al mundo. Un día tuvo que elegir entre dos objetos: el azadón y la gramática latina; hoy –felizmente– no era sometido a la máxima tortura del espíritu, donde el espíritu se define: la elección. Ante él se había situado un solo objeto: el máuser.

Era un momento solemne; pero Julio no solía darse cuenta de ninguna solemnidad. Cruzaba por sus días transcendentales a pie enjuto[5]. La mole inmensa de zozobras que suele anegar a otros viajeros se retiraba estupefacta al ver tan magnífico aturdimiento.

Subió al vagón; se sentó junto a cualquier ventanilla y se distrajo presenciando adioses. Como a él no acudió nadie a despedirle, tenía ante sí completamente libre un turbio pasaje sentimental; podía divertirse asistiendo al tierno espectáculo de las despedidas de los otros. Despedidas bien clasificables; de amigos, de parientes, de novios, de amantes. Casi todas falsas o muy mal ensayadas. Menos las de los últimos, porque el amor es el único capaz de inventarlas.

---

4   *Poso*: Sedimento del líquido contenido en una vasija.
5   *A pie enjuto*: Sin mojarse los pies, (fig.) sin ser influenciado por su entorno.

El departamento comenzó a nutrirse. Era un tren correo que llegaría a Barcelona a la mañana siguiente, después de detenerse en todos los pueblos del trayecto. Se irían viendo subir y bajar rostros adormilados, mustios, como de gentes que han mutilado la noche.

Dos minutos antes de marchar entró en el vagón una joven seguido de una anciana y de un mozo con dos maletas. Julio —que ya se había resignado al dúo, porque pobreza y promiscuidad suelen ir siempre juntas— se apartó de la ventanilla, ayudó a colocar el equipaje, contestó a un susurrado «gracias» de la joven.

—Puede sentarse aquí si lo prefiere.

E indicó un lugar frente a él, desocupado. Pero nunca pudo saberse qué dijo entonces la invitada. Fue aquello un amasijo verbal, subrayado por gestos recelosos de la anciana. Julio temió insistir, porque de pronto juzgó como demasiada fortuna viajar frente a una mujer que creía encantadora, y temió que una impaciencia hiciera abortar el dúo.

La anciana bajó al andén. La joven se acercó a la ventanilla y él le cedió su puesto, que ella aceptó con otro «gracias» de escaso relieve.

Julio pensó:

«La claridad de sus frases crecerá seguramente en proporción a la distancia de la vieja. Sin ningún freno doméstico evolucionarán más ágiles.»

El tren comenzó a removerse.

—Adiós, Guillermina.

—Adiós, abuela.

Todo acabó en lágrimas en el andén y en el vagón. Las de Guillermina, muy dóciles, se retiraron en cuanto se vieron libres de la presencia de la anciana. Julio siguió presenciando restos dramáticos de despedidas. Dos amantes seguían apretándose la mano con gran peligro del hombre, que avanzaba dando brincos a lo largo del andén, hasta que el tren cortó bruscamente la peligrosa y desesperada comunicación.

Poco después, el tren cruzaba el río, se sumergía en plena llanura. A un lado y a otro, sembrados, algún arbusto, extensiones desnudas, lucecitas, gentes en traje de fantasma, postes ágiles, montañas lentas. La ciudad quedaba atrás, con todas sus vidas estancadas o audaces, con sus ideas fósiles o andariegas, con sus placeres siempre monótonos, siempre envenenados de tedio, según el testimonio del *Kempis*⁶. Así, al menos, lo deducía Julio de los conceptos encerrados en su antiguo equipaje. Al manosear el concepto, esbozó una rectificación infantil:

—Tendré que comprobar personalmente el veneno.

La ciudad quedaba atrás con su enrejado luminoso, que para Julio apenas era un laberinto geométrico, hitos de avance de alguna gran pizarra donde nunca los problemas se le habían ofrecido sino en formas angulosas, hirientes. Un gran esquema vital que nunca para Julio había redondeado sus ángulos ni ondulado sus inflexibles paralelas; cierto amasijo de rutas sin nada suave, sin nada muelle, que Julio había recorrido alguna vez comiéndose un mendrugo —auténtico placer de aquel día— mientras leía a Virgilio⁷, placer dudoso, tan insignificante al lado de aplacar la fiera de un estómago. Porque una ciudad que alguna vez hemos recorrido con hambre es difícil que conserve para nosotros ningún otro encanto que no sea el de haberlo satisfecho. Aplacar el hambre es algo gigantesco

---

6   *Kempis*: Se refiere, naturalmente, al famoso libro de *Imitación de Cristo* (c. 1400) del monje Tomás de Kempis (1380-1471), meditaciones sobre la vida y las enseñanzas de Jesús. En el capítulo 48 del libro tercero, Kempis contrapone la felicidad que reina en la Ciudad del Cielo con el tedio y la amargura de los ciudadanos de la Tierra.

7   *Virgilio*: Publio Virgilio Maron (70 a.C-19 a.C.), uno de los más grandes poetas latinos, autor entre otras obras de la *Eneida*.

que borra todas las demás voluptuosidades de la tierra. Como la voracidad sexual desvanece cualquier dudoso perfil de la mujer, el hambre verdadero, el único, no reconoce más fascinación que la del pan. El salvaje no puede estimar, devora; recorre el mundo sin darse cuenta de él... Julio, en sus primeros años de adolescencia, había recorrido la ciudad convertido en salvaje, cerrados los ojos a cualquier alta contemplación, como una torre inclinada sobre sus propios cimientos –sobre su propio vientre– incapaz de mirar libremente a las estrellas.

Fuera, nada había que mirar, porque todo iba quedando sumergido en igual sombra. Julio se replegó en el asiento, abrió su periódico, intentó leer... vano propósito; la luz era tan mezquina que apenas podía leerse en los rostros.

Un viajero de tercera –como un inquilino de piso de tercera– disfruta con relación al aire, a las frondas, al sol, al agua, al espacio –a todo lo que el orbe intenta producir gratuitamente– de derechos muy limitados. Es un viajero que salió del rango de salvaje para llegar al de civilizado, y se quedó en la mitad del camino; sin el agua y el bosque y el sol del primero, y el baño, las terrazas del casino y los arcos voltaicos del segundo. No hay individuos en un viaje con billete de tercera; sólo hay series, expediciones, masas. Todo viajero de tercera, como Julio, viaja en tren militar.

«Soy –pensaba Julio– uno de esos entes fracasados que ayuda a producir civilización sin quedarme con nada, como esos oficiales de joyería a quienes se registra al salir del taller. En mí –infeliz viajero de tercera– ha fracasado el comúnmente llamado progreso.»

De modo que el campo de experiencias se reducía fatalmente a una: contemplar a los vecinos de asiento. Julio detuvo su contemplación en Guillermina, situada en el banco de enfrente, silenciosa en medio de una fila de cinco también mudos viajeros. Los dos más próximos a Julio eran un sacerdote con dulleta[8] de merino y un labriego con pantalón y chaqueta de pana, sobre los cuales la mirada resbaló como por una rampa de ortigas.

Los ojos de ella eran verdes; pero Julio no podía advertirlo, como no podía descifrar el artículo de fondo de *La Crónica*. Los de Julio eran castaños, neutro color que Guillermina ya había rápidamente percibido, al asomarse, bajo la luz del andén; porque las mujeres, en estas operaciones, suelen dividir y subdividir el tiempo hasta el infinito. Les basta con milésimas de segundo.

El clérigo comenzó a rezar maitines –Julio conocía los salmos– y el labriego inició un cabeceo rítmico que atentaba contra la integridad de su nariz. Un momento de extremo peligro hizo asomar la risa a dos bocas, a la de Julio y a la de Guillermina. Como la risa es un valor social[9], pronto se contemplaron ambos en concepto de amigos que han disfrutado de un mismo deleite.

Además, su charla podía ahuyentar el sueño y la peligrosa dinámica del labriego.

—¿Va usted lejos?

—A Barcelona.

—También yo.

Cuando al llegar a una estación, cerca de medianoche, bajaron a un tiempo el sacerdote de merino y el labriego de pana, Julio y Guillermina se sentaron frente a frente.

—Faltan ocho horas. ¡Qué fastidio! –apuntó la viajera, sonriendo.

---

8   *Dulleta*: Prenda usada por los eclesiásticos por encima de la sotana, a modo de gabán.

9   La defensa de esta idea sobre el valor social de la risa y la sonrisa es una de las preocupaciones de Jarnés en los años treinta. Así, habla sobre este asunto en la conferencia «Sobre la gracia artística» (1932), y lo hace tema de varios artículos que luego quedan integrados en volúmenes como *Libro de Esther* (1935) o *Eufrosina o la gracia* (1948).

—No tanto –replicó Julio.

—Sí, sí, ocho horas.

—No lo decía por el tiempo... Lo decía por el fastidio.

—¡Ah, ya! Muchas gracias. Eso lo dirá por usted, porque yo me aburro.

—Naturalmente, joven. Le agradezco su amabilidad.

Julio pensaba en un recorrido de ocho horas junto a una hermosa desconocida, como en una encrucijada de caminos hacia posibles aventuras. Solía pensar en una acomodación de su vida a la de cualquier otro ya trazada. Asistir a vidas distintas mientras recorría la suya –intransferible– sin darse cuenta. ¿Por qué no le decía a Guillermina?:

—Desdeñosa viajera: este mozuelo que estás mirando no tiene dónde reclinar hoy sus ensueños como no sea en el cabezal de esparto de un cuartel. Este mozuelo que estás mirando no conoce ningún modo de conquistar este mundo visible porque sólo le enseñaron los modos de conquistar el invisible. Soy, pues, un hombre que chamarilea[10] en tropos. Un atolondrado viajante en nubes.[11]

Pero Julio nunca hubiera revelado la verdad acerca de sí mismo. No por querer ocultarla, sino por desconocerla.

Ante una insinuación de Guillermina, comenzó distraídamente a balbucir:

—Ahora voy a incorporarme... Me destinaron a Infantería... Es un buen regimiento... Quizá tenga que ir al Rif.

Pero ése era su destino circunstancial y Guillermina hubiera deseado conocer el destino verdadero de la vida de

---

10 *Chamarilear*: Vender cosas viejas.

11 El protagonista prototípico de las novelas jarnesianas (Julio) es por lo general bastante consciente de esta tendencia suya a la abstracción, el ensoñamiento y el gusto por la metáfora y los juegos verbales. Como a la vez se reconoce a menudo como narrador, estas afirmaciones son también aplicables a éste.

Julio, el gran destino con el que suele siempre contar una mujer al pensar en el hombre: el cotizable. Entonces Julio se enredó los pies:

—Después, no sé... Me ofrecieron un buen empleo... Claro que eso depende... Tengo que prepararme para el Catastro...

Guillermina le miró con lástima. Aquel anuncio de posible marido que toda joven española ve en cada hombre nuevo que conoce, había fracasado. Miró a Julio triunfalmente, porque ella tenía bien trazado su camino. Primero, mecanógrafa, en la Banca Bermúdez[12]; después, jefe de la sección de correspondencia, tal vez secretaria del inspector general. Su porvenir era claro frente a la nebulosa del porvenir de Julio. Se casaría fácilmente con algún empleado de la Casa... ¿Y por qué no con el gerente? Una vez pasó junto a ella, porque Guillermina vivía cerca de la sucursal en Augusta de la Banca Bermúdez; él se quedó mirando de hito en hito... A él iba recomendada. Entre dos macetas de claveles, Guillermina estaba «encantadora», según el léxico galante del inspector, un hombre todavía joven, de madurez muy bien decorada con una enorme cuenta corriente...

«¿Cómo habrá hombres así –pensaba Guillermina–, sin una idea segura en la cabeza? Este joven acabará por vivir a costa de alguna pobre tonta...

Guillermina llamaba «ideas» a los presupuestos del mes redactados en vista a cada saneado ingreso. No le abandonaba nunca el sentido administrativo de la vida.

—¿Sigue usted una carrera?

—Una muy larga; pero no me sirve. Es como si hu-

---

12 *Banca Bermúdez*: Esta banca es otro lugar común de las ficciones jarnesianas, como símbolo de riqueza y de máxima aspiración de trabajo burgués. En ella trabaja el personaje de Arturo de *Locura y muerte de nadie* y a ella está vinculada la familia de Blanca, la protagonista femenina de *Teoría del zumbel*.

biese andado cuarenta kilómetros a pie hacia Huesca y de pronto me diese cuenta de que el viaje era hacia Teruel.

Debió decir: «Mi vida es una estrella de los vientos. Nunca tuvo un verdadero enfoque, sencillamente porque no había llegado el momento de dispararse...» Guillermina tuvo un momento de lucidez, y replicó:

—Se rectifica.

—Sí, pero me queda el cansancio, mucho cansancio.

*

Comenzó a filtrarse en el diálogo el frío de la madrugada. Julio se volvió a acurrucar en el asiento, bien embozado en su capa; ovilló todos sus músculos; sólo dejó libres los ojos, que siguieron escudriñando en Guillermina. Habían quedado solos en el departamento cuando ya nada tenían que decirse como viajeros y nada más lejano de ambos que dialogar como amantes. Se habían declarado –sordamente– una franca hostilidad. Su sentido de la vida era opuesto. El de Guillermina era bien claro; por eso era tan dudoso. El de Julio parecía ser excesivamente oscuro; por eso era tan humano. Guillermina lo preestablecía según datos que reputaba auténticos: Julio no tenía otros datos que su propia vehemencia, que su propio instinto vital... Fantasmas en el cerebro y en la noche. Voces soñolientas de los mozos, temores del porvenir, campanas en los andenes, risueñas perspectivas ideales, revisores intempestivos, tricornios de hule, besos en las portezuelas... todo se reeditaba con implacable monotonía.

La viajera, al fin, se dejó vencer por el sueño. De Guillermina quedó apenas, acurrucada en un rincón, su propia caricatura. Macilenta, perdido el dominio de sus ojos, de su boca, de sus manos, Julio acabó por compadecer aquella intimidad tan mal aderezada.

«Si los viajes de novios —reflexionó— pasan por muchos de estos trances, ¿cómo se podrá resistir una luna completa?»

Y se mantuvo firme, sin un desmayo, sin un solo minuto de abandono, hasta llegar a Barcelona. Pocas estaciones antes, Guillermina se despertó, azorada, como queriendo rectificar algún ademán poco digno, algún escorzo risible, capaz de desbaratar el sentido de una fisonomía.

—¿Descansó un poco? —preguntó Julio.

—Estaba rendida...

Se advertía en ella un gran deseo de rectificar todos los posibles desmanes de su vida inconsciente. Y los desperfectos de su belleza. De su bolso fue extrayendo a pedazos su seducción desaparecida: el rojo de sus labios, el rosa de sus mejillas, el negro de sus párpados, el orden de su pelo. Minutos después, Guillermina estaba rehecha. Cuando recuperó su instrumento de fascinar, comenzó en seguida a utilizarlo. Sonrió, sin saber por qué.

«Esta mujer —pensó Julio— seguramente espera que yo aplauda su trivial resurrección... Pero ¿qué podría yo decir ahora? No tengo la experiencia del piropo ocasional. A ella podría dirigirme con dos estrofas de Arolas[13], pero no con dos frases de urgencia. No soy capaz de obtener éxitos inmediatos, porque me falta el don de la oportunidad. La verdad es que siempre la mujer fue para mí un tema de retórica escolar... o un aborto del infierno, si la clase era de teología... Y ahora ninguno de los dos sentidos me sirve.»

Guillermina comenzó a recoger su pequeño equipaje. Julio tenía allí a mano el suyo —un periódico de la noche,

---

13   *Arolas*: El sacerdote Juan Arolas (1805-1849) escribió poemas religiosos y amorosos a la manera romántica, así en *Poesías religiosas, orientales, caballerescas y amatorias* (1842). Murió prácticamente loco a causa de su excesiva emotividad que lo incapacitó para ejercer su vocación.

provinciano— y, antes de arrojarlo por la ventanilla, lo contempló unos momentos conmovido, como a un buen amigo que se nos va para siempre.

«Eres mi último día, mi ayer. Contigo se cerró para mí una especie de vida... ¡Ea! No quiero lastre alguno. ¡Vete con mis otros recuerdos!»

Y lo arrojó por la ventanilla.

El viento zarandeó unos instantes el guiñapo de tiempo, lo enrolló a un poste, acabó allí de destrozarlo bajo el haz vibrante de segundos que estremecía los capullos blancos de la red telegráfica, pulso del nuevo día.

Julio se dispuso a entrar en él con los ojos más libres que nunca. Al detenerse el tren, Guillermina le tendió la mano.

—Buena suerte. Que no le destinen a África. Tal vez algún día nos veamos...

—Buena suerte, Guillermina. Tendré mucho gusto...

Se perdieron de vista en el andén. Ya fuera de la estación, Julio accedió a las proposiciones de un guía.

—Bien. Lléveme al cuartel del regimiento número 12.

Y echó a andar junto al desconocido.

*

Un pelotón de jovenzuelos desarrapados cruzaba por una ancha avenida. Julio pensó:

«Deben de ser también reclutas. Van en la misma dirección.»

Y cortó con unas monedas su comunicación con el guía; siguió a los jovenzuelos y, al llegar a un cuerpo de guardia, cortó la comunicación con su propia personalidad. Tan mal fraguada aún, tan poco firme, que no sintió el tijeretazo. Era como partir en dos una nube.

Fue entonces cuando quedó convertido en número, en elemento táctico. La abigarrada fila comenzó a entrar en el cuartel entre las sonrisas de lástima de muchos veteranos y la indiferencia profesional de jefes y oficiales. Se escuchaban los antiguos, los tradicionales chistes, estúpidamente reproducidos. Un zafio corneta imitó el balido, para imprimir en la mente de los azorados reclutas esta profunda idea preliminar:

—Desde este momento sois rebaño.

Dos reclutas contestaron con una rápida alusión a la madre del corneta, pero alguien –algún cabo– impuso bruscamente silencio. En el mismo umbral de la milicia se inculcaba a los neófitos la conveniencia de renunciar totalmente al diálogo, como un peón de ajedrez debe renunciar a discutir aun con los jugadores más torpes. Las ideas acerca de su nueva posición en el mundo irían lentamente adquiriéndolas por diversos procedimientos, algunos de ellos medievales. Hoy se utilizaba –sarcásticamente– el metafórico; después se utilizarían métodos directos. Ideas sin posible revisión, que era preciso fijar en la memoria como hitos de avance, cuya infracción equivaldría a un descalabro, a una malaventurada incursión en el Código de Justicia militar. Ideas simplicísimas, depuradas ya de toda emotividad, que los veteranos solían encerrar en fórmulas brutales, en esquemas de enunciado imposible de reproducir aquí. La misma idea del honor, en sus diversos escalones desde el general al cabo, iría perdiendo en majestad hasta quedar convertida en desplante viril, en majeza. La disciplina se encerraba en fórmulas parecidas a ésta:

—Cuando se viene al cuartel hay que dejárselos detrás de la puerta.

Los reclutas habían ya agotado en el trayecto por ferrocarril, y a través de la ciudad, su remanente de buen humor, de gritos y de atrocidades. Venían rendidos de cansancio, seca la garganta, doloridos los pies, los riñones. Entraban blasfemando entre dientes, los más; mirando estúpidamente, muchos; hondamente perturbados, todos. Eran la masa infortunada en el reparto social donde otros, mediante cuotas incorporadas al Tesoro, constituían una tan legal como absurda excepción[14]. Porque estos hombres sin fortuna sólo podían ofrecer su cuerpo, ahora mal cubierto de guiñapos[15] que en seguida habrían de arrojar al trapero.

Entraron en un departamento donde aguardaba un facultativo.

—¡Desnudarse todos! –gritó un sargento.

—No –rectificó el médico–. Pueden hacerlo de diez en diez; porque no andamos bien de calefacción...

—¡Claro! –pensó Julio–. Hay que despedirse del último recuerdo que quedaba. Vamos a entrar en una nueva vida... ¡A renacer!»

Y en seguida quedó en traje de feto, completamente desnudo.

---

14 Desde la época de Mendizábal (1836), en España era posible librarse del servicio militar mediante la «redención a metálico», esto es, el pago de entre 4.000 y 8.000 reales. Con la reforma del general Luque (1912) se intentó imponer la total obligatoriedad, pero las clases conservadoras consiguieron un sistema de «cuotas» que permitía mediante un pago la reducción del servicio a unos meses o su conversión en un mero trámite. Esto suponía a la práctica que las tropas estaban formadas siempre por las capas más humildes de la sociedad, esto es, jóvenes en su gran mayoría pobres, analfabetos y malnutridos.

15 *Guiñapos*: Andrajo, pedazo o jirón de tela.

Entonces se dio cuenta Julio de que había algo en el mundo mucho más inflexible que las leyes del silogismo: el cuadro de inutilidades. El cuadro de inutilidades era como un pulpo de mil tentáculos que podía en un momento clavarle sus pinzas, eliminarlo de la vida marcial, situarlo legalmente en la calle, lanzarlo a la plena aventura; por un pecho cuya angostura mide implacablemente el cuadro, por una planta de pie sin relieve, por cualquier broma inocente de la región cardíaca...

«¿Me habrán reconocido bien en el Ayuntamiento?», pensó Julio.

Cierta mañana, en Augusta, paseó su enjuta desnudez por entre unos empleados indiferentes, detrás de un pudoroso fraile que en vano intentaba esconder bajo un papel sostenido con las puntas de los dedos, como un delantal, las regiones *tabú* de su rollizo tronco. Julio, entonces, se apresuró a hacer constar que «no alegaba nada»...[16]

Incrustado en la lenta hilera de reclutas que desfilaba ante el médico, avanzó unos pasos; olvidó la pudibunda desnudez del religioso, la de un pintoresco vástago de carniceros que alegó ataques de histeria... Sus pensamientos se alejaron totalmente de este o aquel acto oficial. Iniciaron así su nueva etapa:

«No se comienza de veras a despreciar la humanidad mientras no se ven juntos, como ahora, tantos hombres desnudos.»

Y en seguida amplió su idea:

«En cambio no se comienza de veras a amar la humanidad mientras no se logra ver desnuda, en soledad, una linda mujer.»

Su total desnudez le estimulaba a bosquejar conceptos claros, enjutos, de ingenuo primitivismo. Aquella mañana,

16   Es decir que no alegaba nada en su favor para obtener una dispensa y no hacer el servicio militar.

en que iba a nacer a una vida nueva, sentía, como nunca, el deber de ser sincero. Tenía sed de luz, como cualquier feto maduro o cualquier anciano agonizante. Como la hilera avanzaba con gran lentitud, los pensamientos podían también irse encadenando sin prisas, en orden perfecto. La idea del pudor que, al desprenderse Julio del último elemento de su traje interior, le había fieramente acometido, produciendo en sus perfiles íntimos y externos un inicio de rebeldía, ya, calmados sus ímpetus, entraba humildemente en la fila. En otra coyuntura, sorprendido un instante en tal atuendo adánico, el recluta hubiera sentido resbalar a lo largo de toda su piel ese velo carmín que para sus mejillas suelen utilizar por tradición, ante cualquier menuda agresión verbal, tantas vírgenes prudentes de lámpara siempre alerta[17]; pero hoy, encajado en una muesca viva, entre cientos de muescas de la máquina oficial, hecho neutro fragmento de un mosaico, el futuro infante se había desprendido totalmente de la idea agresora, y ya, frente a ella, se divertía en contemplarla, la veía transfigurarse, convertirse en astucia, en hipocresía, en miedo... Seguramente no nació en el cráneo de Afrodita, sino en el de cualquier horrenda euménide[18] de puntiagudos flancos y escuálido pecho. Astucia, miedo, hipocresía... La fealdad buscó siempre sus trincheras, inventó sus púrpuras, adiestró los ojos y las manos en el arte de señalar hacia los puntos vulnerables...

Se detuvo la hilera, aplazándose el solemne tránsito. Un recluta pretendía extender ante el facultativo cierto laberíntico mapa de dolencias invisibles; pero, incapaz de inventar para su interna topografía ningún sutil idioma

---

17 Referencia al pasaje bíblico en Mateo 25, «Parábola de las diez jóvenes», en la que se mencionan diez vírgenes de las cuales cinco fueron prudentes y llevaron vasijas de aceite junto con sus lámparas.

18 *Euménide*: En la mitología griega personificación femenina de la venganza.

técnico, se retorcía angustioso, impotente, vencido... La misma red de su dialecto provincial iba –como en el circo a los clásicos gladiadores– a dejarlo incapaz para la lucha.

—No tienes nada.

—Es que me dan unos ataques... Verá usted...

—¿Cómo, cómo son los ataques?

—Me quedo privado... La cabeza... El pecho... El estómago...

Jadeaba, enumerando. Escudriñaba inútilmente en su mezquino léxico patológico. ¿Padecía, en efecto, una tan misteriosa enfermedad –no incluida en los cuadros vulgares– que le era imposible revelarla? Acongojaba verle transido de angustia. Como cualquier pensador, dueño ignorado de maravillosas arquitecturas filosóficas que, no hallando la justa, la brillante fórmula reveladora, cruza el mundo cejijunto, perennemente nostálgico, de la cumbre, sin más refugio que su huraño cuchitril de genio incomprendido. Porque –¡ay!– lo difícil no es inventar un sistema o padecer una solapada enfermedad, sino hallar su expresión exacta.

El tiempo reservado a cada examen era muy breve, y el mozo precipitaba su doliente reseña, sin lograr ser atendido. Se oía la voz tímida del feto y la voz grave del doctor:

—¡Otro!

—Mire, señor...

El recluta se resistía a nacer. ¿Habría que preparar el fórceps[19], fracasadas ya las más delicadas manipulaciones? La hilera comenzaba a impacientarse, y una protesta de hombres desnudos, situados entre dos vidas, hubiera sido algo no previsto por el Código, imposible de calmar por los métodos ordinarios.

Por fin, el mozo brotó de manos del doctor, hecho ya

---

19 *Fórceps*: Instrumento en forma de tenaza para extraer las criaturas en partos difíciles.

infante. Ante la vida nueva, ¿por qué gimoteaba cómicamente en vez de agradecer a los dioses tan evidente cédula de ilesa humanidad? Se desprendió de la cadena, como un eslabón ya maduro en la forja divina, y de nuevo comenzó a marchar la hilera.

Julio –cada vez más eutrapélico[20]– se preparaba a deducir de aquel espléndido lote de mozuelos desnudos un porcentaje aproximado de Térsites[21]; pero suspendió su liviano propósito para entregarse –¡al fin!– en manos del doctor.

Adquirida su patente de incólume varón, nutrido de posibilidades heroicas, Julio cruzó los umbrales de la vida castrense y penetró alegremente en el mundo.

Le aguardaba una ducha bautismal; luego, un puñado de lienzos y de paños, que al punto lo iban a convertir en un ente sólo clasificable por el número del almacén.

En un dormitorio, la hilera de reclutas se convertía en fila, y ante cada individuo iban apareciendo pequeños montoncitos abigarrados. Blanco terroso, azul, grana, amarillo, negro... El chaleco de abrigo, el uniforme, ropa interior, unos zapatos, la correa... Un veterano indicaba las prendas, un sargento –incapaz de humorismo– paseaba el dormitorio dando trágicas voces, un cabo se encogía de risa ante un labriego que llevaba ya puesta la segunda camisa.

—¡Una, con una basta! ¿Vas a ponerte de una vez todo el equipo?

—Yo creía...

Torpemente iban aquellos hombres desnudos sumergiéndose en las telas rígidas, estiradas, hostiles, como el sargento y el Código.

Julio, no vestido, pero sí cubierto de corazas regla-

---

20 *Eutrapélico*: Que se dedica a un juego inocente.
21 *Tersites*: Soldado griego de la guerra de Troya; era cojo, jorobado y feo, y además estuvo a punto de liderar un motín contra los mismos generales griegos.

mentarias, situó las prendas que no había utilizado en un cajoncito recubierto por la bandera nacional. En lo sucesivo, el más humilde de sus cepillos sería sagrado; el mismo pompón estaría resguardado por un artículo del régimen interior... Le eligieron una cama y unos clavos donde colgar su correaje. Después fue llevado a un aposento donde extendían la nueva partida de bautismo.

Al preguntarle por su profesión se turbó un poco. Reponiéndose, dijo:

—Viajero.

—¿Cómo?

—Viajante.

—¡Ah!

En esta vaga profesión cabían todas las posibilidades comerciales, como en la nueva cédula vital de Julio cabían todas las heroicas. Pero no comprendía bien por qué recogían en aquel código algunos restos de prehistoria individual, sin interés ninguno. Apenas se comprendía nada en aquella ruidosa casa de maternidad castrense, porque el mando se reserva siempre los últimos secretos.

Julio se dejó llevar dócilmente. Asignaban un soldado veterano a cada recluta para que les asistiese en los balbuceos de la vida marcial, y él aceptó dócilmente la voluntad del nuevo camarada. La niñera de Julio se llamaba Arturo Sánchez, y Julio saludó jovialmente a aquel ahilado[22] gastador[23] –violinista en vidas anteriores–, que en los paseos del batallón por la ciudad iba limpiando la calle de chiquillos.

Arturo, ojo avizor, iría apartando de los pies de Julio todos los artículos del Código en que el nuevo recluta pudiese, aturdidamente, tropezar. Amante del ritmo, procu-

---

22   *Ahilado*: Delgado.
23   *Gastador*: Soldado que desfila a la cabeza de una formación.

raría encajar en él los indecisos pasos de Julio.

—¿Por qué, sabiendo tanta música, no perteneces a la banda?– le preguntaban.

—Por dignidad profesional. Aborrezco todo instrumento de aire. Me conformo con ser gastador y marcar el compás al frente de las tropas. Con ello creo cumplir mi voluntad de armonía. Mi arte lo ejecuto en el *Teatro Chapí,* y a veces, en el café de Lauria.[24]

Era suplente de dos o tres segundos violinistas que nunca pudieron salir del Paralelo. Cuando a nadie tenía que suplir se contrataba como comparsa en el Liceo[25], y, allí, unas tardes se convertía en bandido, otras en diablo, otras, sencillamente, en «uno del pueblo». Así podía oír las óperas de balde.

Salió con Julio. Algunos cicerones extendían su solicitud mucho más allá del cuartel y guiaban al novicio a través del enmarañado plano erótico de Barcelona; servían de nodriza confidente y de cómplice camarada. Pero las faenas pedagógicas de Arturo tuvieron aquella tarde su límite a unos metros del centinela, en la Gran Vía Diagonal. Allí fue Julio despedido afablemente.

—Voy a ensayar al *Chapí.*

Julio quedó en aquel punto abandonado a todos los caprichos de los dioses, ya fajado y rebosante de franjas rojas y botones metálicos, hecho núcleo de una masa granate, blanca, negra, dorada y azul, dotado de ímpetus vírgenes, acuciado por estímulos inéditos, completo ya su equipo, su canastilla de infante.

---

24 El ficticio Teatro Chapí aparece en otras narraciones de Jarnés, así en *Don Álvaro o la fuerza del tino* (1936). El auténtico Teatro Chapí fue inaugurado el 5 de diciembre de 1925 en Villena (Alicante), ciudad natal del compositor que le da nombre. El Café de Lauria quizá alude a algún café situado en la calle Roger de Lluria de Barcelona.

25 *Liceo*: El Gran Teatre del Liceu, inaugurado en 1847, principal espacio para la ópera en Barcelona.

*

El aire, el asfalto, los árboles, las casas; todo emanaba una fragancia nueva. El viento era más dócil: se sometía fielmente a los bruscos embates de los brazos de Julio, que iban y venían desordenadamente, desalojando grandes volúmenes de aire. Al fin, estrenaba un recién adquirido dinamismo. Ponía en danza una máquina acabada de salir del taller, recién bruñida. El sol se hacía chiquitín en cada botón de las metálicas hileras, se difundía, alborozado, por el grana y azul del tieso equipo; este sol, fugitivo horas antes de aquel negro y mortecino joven que, huido de una celda, de un tropel de escuálidos pensamientos, había entrado a morir en el cuartel.

También el asfalto era nuevo. Los duros borceguíes[26] se hincaban bizarramente en la acera, tan distintos de aquellas melindrosas botas de cordones, que gemían al duro contacto de cualquier picudo guijarrillo... Pero le faltaba acometer la más arriesgada experiencia: ¿serían también nuevas las mujeres?

Por aquella parte, la Gran Vía Diagonal estaba casi desierta; tardó mucho en presentarse la feliz coyuntura. Llegaba, taconeando, una muchacha...

Antes, cuando, de tarde en tarde, recorría una calle junto —por azar— una mujer, encerraba sus ímpetus en cápsulas herméticas; se limitaba a anotar en catálogos ideales una síntesis de ritmos plásticos, que luego, en soledad, iba desovillando. Pero hoy, Julio se sintió empujado hacia la nuca morena; se le huyeron sus manos hacia el brazo redondo, semidesnudo; de su boca fluyó una frase caliente, algo de brasa, de claveles, de rubí...

---

26   *Borceguí*: Calzado hasta más arriba del tobillo.

Un verso de Zorrilla[27]. Ella volvió la cabeza, estupefacta... ¿Cuándo se organizó en el mundo un regimiento
de poetas?

Y se perdió al volver una esquina, después de haber
vuelto dos veces la cabeza. Julio anotó el feliz ensayo en su
carnet de notas íntimas y se dispuso a recibir la visita de la
ciudad. Una ancha calle –la Gran Vía Diagonal– extendía
sobre Barcelona sus enormes brazos oblicuos, de los que
colgaba la ciudad como por robustos cables, posibles caminos
sin fin. Rectas cruzadas perpendicularmente, panal inmenso
donde lentamente se iban ennegreciendo las celdillas.[28]

Julio fue releyendo en un plano los nombres escritos
al remate de cada vertical: Balmes, Roger de Flor, Aribau,
Muntaner, Casanova, Villarroel, Rocafort, Entenza... Iban
desperezándose los nombres en el polvoriento alvéolo de
la memoria, donde yacían dormitando. Nombres ya cansados de erguirse ante un infolio o una hazaña, que ahora
preferían prodigarse en millares de postales iluminadas y
hojas de papel comercial. «Te espera en Balmes, cinco, tu
Gloria.» O «Quesos, Villarroel, nueve»...

Los nombres iban así perdiendo su empaque de fichero,
y, mezclados con el vino, las frutas, el amor, la aritmética y
el agua mineral, engrosaban el caudal íntimo de palabras,
cuyo pasado llega a borrarse bajo las ricas sensaciones que
sobre ellas va el presente acumulando. Julio saludaba a
aquellos nombres, ya lavados de su mohosa sombra de
nicho, que, pulidos, esmaltados, de una tersa blancura o de
un bello azul, proyectaban sobre la acera la luz risueña de
este día nuevo. Aquellos hombres no vinieron al Ensanche

27 Jarnés alude a unos versos del poema «Dueña de la negra toca» de José
Zorrilla (1817-1893), donde se alaba la «lumbre» de los ojos de una joven
y sus «labios que son un rubí, / partido por gala en dos».
28 La ciudad de Barcelona está atravesada de punta a punta por la Diagonal,
una ancha avenida a la que van a parar todas las calles del centro de la
ciudad o «Ensanche» proyectado por Cerdà, y que constituye una enorme
cuadrícula.

a usurpar celebridad alguna, como en tantas viejas urbes donde el Racimo, la Palma, el Granado, de tan fascinadora estirpe lírica, van cediendo su puesto a la legión oscura de López y Bartolínez, viles injertos de la copiosa selva política nacional —¿qué senador Gutiérrez fijará su nombre en tus muros, oh, toledano *Callejón sin salida de los Niños Hermosos?—*[29] Aquellos nombres surgieron allí, sobre un ribazo, entre blancas parvas de lienzos puestos a secar, entre escombros, junto a las higueras de algún huerto medroso ante el azote de la inminente expropiación.

Había algunos ya fijos en un muro, en una tapia, convertido en reclamo de vino; otros clavados al extremo de un poste, futura arista de un prostíbulo, de un cinema, de un templo, de un bar... Como en tantas bromas de la ciencia, el nombre precedía allí a la cosa. La historia del rótulo era la prehistoria de la calle. Seguía el nombre una vaga geometría, un esqueleto, que tardaría en ceñirse de músculos, en regarse de sangre, en colorearse de epidermis ciudadana. Y, después, madurar, vivir, incendiarse, desmoronarse...

Julio revistó los nombres alineados a lo largo de la petulante y semidesnuda avenida. Un recluta recién nacido comenzaba a aplicar a las cosas su método marcial. No habiendo reposo para realizar una escrupulosa revisión de tantos nombres, abarrotados de historia, bastaba una rápida y generosa revista. Sonreír a los amigos, saludar a los desconocidos, charlar con los íntimos.

Balmes, Roger de Flor, Villarroel...

Julio se detuvo ante los tres, ¡tan distantes! Villarroel, casi al extremo del brazo derecho. Roger de Flor, del izquierdo. Balmes, cerca del pecho —el Paseo de Gracia era

---

29   El susodicho callejón no sólo no es ficción, sino que existe todavía en Toledo, junto a la calle Cristo de la Calavera.

el pecho–. Julio, general en jefe de ejércitos ideales, eligió el tercer nombre. Para entrar en Barcelona, ¿por qué eligió la calle de Balmes? Por allí se había desvanecido la transeúnte del ensayo.

La calle de Balmes, con todos sus tentáculos, con todo el vital engranaje de una calle de ciudad populosa, en alguna de cuyas ruedas podría quedar prendido; con todos sus panoramas, entrevistos a través de una persiana, en cada zaguán, en cada azotea. Balmes, no con todos sus recuerdos, que desde hoy quedaban definitivamente borrados, sino con todas sus sorpresas intactas. La calle estaba limpia de símbolos. Balmes era el camino de una ciudad viva, no el sendero, entre cipreses, hacia una cripta de ideas.

Julio, ente aritmético, peón rojo y azul destacado de un pelotón movido por un solo resorte, en plena posesión de un nuevo mecanismo vital, comenzaba a internarse en Barcelona. A trechos, el aire se coagulaba, se solidificaba en los sugestivos fanales de las tierras, que invitaban al viajero a transponer el umbral, a completar su rígido atuendo con deliciosos, con más dóciles pormenores.

Un escaparate le ofrecía bruñidas máquinas para pulirse el rostro; otro, menudos relojes de pulsera, plumas de oro, una gama de perfumes, iris de pañolitos de seda... En un momento podía Julio adicionar, a la fresca irradiación de su lozana juventud, un halo artificial, el nimbo de los perfumes donde podrían prenderse tantos delicados olfatos de hembra, el áureo nimbo de las joyas, anzuelo para tantas pupilas encandiladas.

O el de una cultura de manual donde podrían prenderse tantas admiraciones aturdidas.

Pero era demasiado pronto para penetrar en un mundo largamente aderezado. El recién nacido exigía algunas horas más para respirar aquel aire de cuna, para calentarse en aquel sol complaciente, por las calles recién inauguradas, entre mujeres de fragancia inédita. Se había tropezado con un perfil nuevo, original pero sin materia viva alguna coloreada definitivamente, sólo emborronada por una tinta advenediza, que era urgente sustituir por los colores puros, firmes, armoniosos, que el dibujo reclamaba. Temía encajarse tan pronto en la formidable máquina del mundo, recibir esa dolorosa presión, que deja grabados para siempre los colores auténticos.

Sentía miedo, un miedo alborozado, lleno de fe en la agilidad, en la dureza de su propio perfil, que había de resistir todas las angosturas del engranaje; miedo a dejarse sacar pruebas de sí mismo, por extraños obreros, en la inflexible minerva...

¿Presentía lo penoso, lo difícil de llegar a un perfecto ajuste: ese obstinado desequilibrio entre la silueta y la máquina, como en la tipografía? Pensó en Guillermina... ¡Qué faena vital tan diferente! Ahora, frente a una *Remington,* estaría inaugurando su carrera de mujer feliz que, bajo la tierna contemplación de un jefe, iría salvando dulcemente los peldaños de la ascensión premeditada. De mecanógrafa a emperatriz de la Banca Bermúdez. La trayectoria era bien clara. Mientras Julio...

Pero hoy —día de apertura del curso— no tenía por qué empezar la asignatura. Había que gozar de aquella vacación, eliminando cualquier tema profundo; entregarse a las fuerzas exteriores, saludar jovialmente a todas las sensaciones que acudiesen, gozar del sol, del aire y de los muros pintados. Al principio, la calle de Balmes le miraba con curiosidad de hembra ciudadana que ve pasar a un forastero atolondrado.

Pero en silencio. Las pupilas de los muros se abrían sobre Julio serenamente, dejando que sobre ellas resbalase el nuevo infante rojo y azul, de torpe andar, de desmesurado dinamismo, mal dosificado, de mirar indiscreto, como de ser que esconde su cívica individualidad y utiliza para sus pequeños menesteres una representación, una entidad colectiva irresponsable.

Algo después, cuando ya la inquieta ciudad empujaba hacia el número 39 de la calle el índice de su fiebre, tras el balón de aire cuajado de un escaparate, se abrieron unos grandes ojos incisivos, que no dejaron resbalar a Julio. Primera agresión, a la que no pensó un momento resistir. Allí quedó, ante los ojos, en la equívoca actitud del que contempla tenazmente un vago objeto, por convertirse en otro que, a su vez, se siente contemplado. Una sirena acababa de nacer en el remanso cristalino, donde se bañaba toda la mitología, repartida entre algunas decenas de cartones.

La separaban, además, de Julio un grupo de vírgenes cristianas –Águeda, Inés, Cecilia, Eulalia, Genoveva...[30]–, una flora académica y una fauna de *cabaret*. Diminutos orbes fantásticos, triviales, divinos: Paris, vacilante entre sus tres amigas; Juno, paseando su arrogante desnudez por el Olimpo; Antinoo, Montserrat, *la Fornarina,* el Tibidabo...[31]

---

30 *Águeda* era una bella virgen a la que su fe ayudó a soportar el acoso del emperador Decio (250-253). Lo propio hizo *Inés* cincuenta años después ante la insistencia del hijo del alcalde de Roma, y por ello es considerada mártir de la virginidad. *Cecilia* consagró su vida a Cristo y convirtió a la fe a su esposo Valeriano. *Eulalia*, con sólo trece años, murió quemada públicamente por negarse a hacer sacrificios a dioses paganos, en el siglo IV. *Genoveva* (422-502), fue consagrada a la vida religiosa con sólo siete años y se dedicó a obras de beneficencia en París.

31 *Paris*, el hijo menor del rey Príamo de Troya, fue elegido por las tres diosas Hera, Atenea y Afrodita para dirimir quién era más hermosa. El cuadro de Rubens *El juicio de Paris* (c. 1638) se exhibe en el Museo del Prado. *Juno* es la diosa romana de la maternidad, esposa de Júpiter y por tanto reina de los dioses en el *Olimpo*. *Antinoo* (c. 110 dC-130 dC) era un joven griego favorito del emperador Adriano, que murió ahogado en el Nilo en extrañas circunstancias. «La fornarina» es el sobrenombre de la más famosa modelo –y quizá amante– del pintor renacentista Rafael, así como de Consuelo Bello (1885-1915), una de las más exitosas cupletistas de las primeras décadas de siglo. *El Tibidabo* es la montaña que bordea Barcelona.

Julio se cansó pronto de aquella hipócrita contemplación de trozos de cartulina y decidió seguir la marcha. Avanzó unos pasos, y ya creía haberse arrancado de aquella inesperada sirte[32], cuando se halló con los dedos apretados a la planchuela de bronce, donde leía: *Empujad*.

La puerta cedía suavemente, y a Julio le acometió el mismo religioso miedo que sentía en todos los umbrales. Penetraba en un mundo nuevo, del que no tenía aún medidos los grados de absorción. Acababa de nacer, no esperaba encontrarse tan pronto al borde de una sima.

Iba a retroceder, pero en su nueva fase vital se le antojaba cobarde huir ante el enemigo. Era mejor inventar una razón para seguir avanzando: Julio, ¿no iba seguida de lejos por un pasado que convenía ahuyentar? Un medio para alejarlo cada vez más era ir arrojándole, no el almibarado pastel de una carta, sino el hueso mondo de las postales, donde, por cierta escala descendente, de términos borrosos, podía ser dosificado solapadamente el olvido.

Ya la puerta de cristal estaba abierta, y Julio, mal provisto de flechas, penetró en la selva virgen, donde le aguardaba una dudosa escaramuza. Se adelantó al mostrador y buscó audazmente los ojos retadores.

Allí estaban, pero habían cambiado de órbitas. Era idéntica su vivacidad, pero era diferente su montura. Estaban incrustados en un rostro maduro, en que los músculos, fatigados, se cansaban de expresar. No era aquélla la misma frente ni eran aquéllas las mejillas. En un segundo habían perdido tersura, habían ganado veinte años.

Pero –sí, sí, indudablemente– eran los mismos ojos. Al aparecer Julio tendieron sobre el tablero sus puentes luminosos, mientras una voz afable preguntaba:

—¿Qué desea?

---

32   *Sirte*: Bajo de arena.

Julio iba a contestar:

«Quiero saber por qué sutiles artes de hechicería unos ojos, engarzados bajo curvas de oro, pueden cambiar en un instante el color de su dosel. Qué se hizo de aquella frente rosa que se abombaba sobre esos ojos. Cómo pudo en un momento vivir veinte años y plegarse en dos arrugas. Qué refinada prestidigitación abultó tanto aquellos labios que acabo de ver posados en el cristal, enrojecido ese acuario; aquellos labios menudos...»

Pero sólo dijo estas palabras:

—Deme el Tibidabo.

—Aquí tiene.

—Otra.

Invirtió en elegir la segunda postal el tiempo que bastaría para elegir el traje de boda de una melindrosa princesa. Examinó los palacios, bloque a bloque, y el mar, frunce a frunce...

Pero el enigma de la transmigración de los ojos no era tan fácil de descifrar, y Julio se vio empujado nuevamente hacia la puerta. La acera iniciaba un declive descendente, y el recluta se fue lentamente sumergiendo en Barcelona... Sus pasos tenían siempre la deliciosa vacilación de un niño, de un infante, que está aprendiendo a andar.

Cuando Julio regresó al cuartel, y después de contestar «presente» al sargento que pasaba lista, se entregó a la faena de prepararse la cama, advirtió que una de sus mantas había desaparecido. Trivial fenómeno que apenas le sorprendió, porque ya algunos confidentes le habían adiestrado en los modos de concebir, dentro del cuartel, el derecho de propiedad. Cada prenda podía cambiar muchas veces de dueño con severas protestas del Código, pero sin grandes deseos de hacerlo intervenir en el asunto. El lesionado apenas utilizaba su derecho de apelación.

«Pero voy a helarme –pensó Julio–. La noche promete ser muy fría.»

Y de un breve examen del trance pasó rápidamente a la acción. Ejecutaría sus operaciones con el mayor silencio, cómplice universal. El recluta de la derecha estaba entonces refiriendo minuciosamente a un camarada los pormenores de su primera visita al puerto y sus alrededores, célebres en la historia de la prostitución: era un rollizo montañés que aquella tarde –mucho más afortunado que Colón– había descubierto el mar con sus tres sirenas. (En el número de sirenas discrepan los proveedores de mitos, desde Hesíodo hasta Juan Pérez de Moya. Aristóteles, de menor fantasía, las reduce a tres. Julio era entonces tomista; por tanto, aristotélico.)[33] Muy buena coyuntura, porque el hombre, ante el recuerdo de su virilidad satisfecha, suele perder toda clara noción del contorno. Julio se apoderó cautamente de una de las mantas del erótico narrador y, siempre en silencio, se hundió entre las sábanas de cartón como entre dos gigantes folios de antifonario[34].

---

33   En la entrada del 9 de enero de 1493 de su *Diario*, Cristobal Colón explica que vio salir del mar tres sirenas, pero que éstas «no eran tan hermosas como las pintan». Para Hesíodo las ninfas del mar son más de cuarenta. Según el escritor y mitógrafo español Juan Pérez de Moya (1513-1597), y ciertamente para Aristóteles, como para otros autores de la antigüedad, su número se reducía a tres.

34   *Antifonario*: Libro que pertenece a un coro, donde se guardan todas las antífonas, esto es, los breves pasajes bíblicos para cantar, del año.

El compañero llegaba en sus memorias a lo que suelen llamar «tedio de la carne» algunos éticos; los recuerdos le arriaban; la realidad recobraba sus frenos... El recluta se dispuso a descansar; pero no encontraba su manta... ¿Qué iría a hacer?

Julio, que había entregado uno de sus ojos a la tarea policíaca de seguir la pista del delito, vio que éste se iba cautelosamente reeditando, aunque con sucesivas mejoras en la reproducción. Su compañero, con admirable discreción, realizó la captura de otra manta; el tercero y el cuarto y todos los demás del pelotón debieron de realizarla asimismo con la maestría de veteranos profesionales, porque veinte minutos después se oía al extremo del dormitorio la voz estentórea del cabo:

—¡Estos canallas me han robado una manta!

Las palabras cayeron sobre una muelle alfombra de siseos, de risas entrecortadas, de pedazos de diálogo truncado.

—¡A ver! ¡El que tenga tres mantas, al calabozo!

El momento era grave. Julio escondió su cabeza bajo el embozo y, en plena indiferencia, aguardó los acontecimientos... El cabo inició una pesquisa... La manta escamoteada apareció súbitamente encima de una mesa.

Aun siguió refunfuñando la voz:

—¡A mí! ¡Al cabo instructor! ¡Yo me entenderé con todos! ¡Canallas! ¡A mí! —y se golpeaba el pecho napoleónico.

Era consolador aquel preludio de vida militar. Con el mayor recato y silencio se había realizado una maniobra castrense que en otras promociones de reclutas no se solía producir hasta la segunda o tercera semana de ejercicio.

Podía augurarse un feliz éxito al pelotón. Y Julio, ante

aquella perspectiva, respiró satisfecho, mientras pensaba en la transmutación de aquellos ojos que en la calle de Balmes le habían encadenado los pies.

¡Claro!... Primero los de la hija. Curiosos, infantiles... Después, los de la madre, llenos de sabiduría de la juventud, ya a punto de despedirse de la propia. Tan juveniles los primeros como los segundos. ¡Deliciosa juventud, nuestra única perenne juventud, la de los ojos!

—¡Pegármela a mí! ¡A mí!

Los cuatro ojos azules comenzaron a bailar alegremente alrededor del cabezal. Aturdían a Julio, le ceñían —tan locamente giraban— una apretada venda azul. O se separaban, giraban sobre sus ejes, se ensanchaban como estrellas que acerca el telescopio, o se empequeñecían como astros que se alejan, o se mezclaban con otros ojos —color tabaco, verdes, grises, negros— sin cesar de ir y venir. Hacían guiños pícaros, se posaban ingenuamente sobre Julio, ensayaban todos los idiomas: el de la seducción, el del candor, el de mujer vampiro, el de mujer celeste, el de Aspasia, el de Beatriz...[35]

Si, años después, un cronista hubiese preguntado a Julio acerca de sus impresiones durante la primera noche en el cuartel, hubiera contestado:

—Apenas me di cuenta de nada.

O también:

—Pues... Tenía frío y me procuré en seguida una manta. Me zambullí en una región extraña donde flotaban ronquidos, blasfemias, chistes, necedades. Aunque todo lo oía desde muy lejos y nada podía interrumpir mi diálogo con unos ojos azules... Quizá el esparto era muy duro, pero

---

35   *Aspasia de Mileto*, maestra de retórica, estuvo unida a Pericles y tuvo una influencia importante en la vida cultural ateniense del siglo IV a.C. Era una mujer persuasiva e inteligente. *Beatriz* es la amada del poeta Dante Alighieri (1265-1321) y modelo de mujer casta e idealizada. Jarnés se refiere a ella un algún otro momento, así en la novela *Venus Dinámica*, donde se burla de su imagen platónica.

yo me mecía en una nube. Las sabanas serían de cartón, pero entre ellas se esponjaban plumones de cisne.

El toque de silencio paralizó despóticamente las charlas. El silencio —ese delicioso mar donde navegan anchamente los espíritus— tenía en el cuartel un preludio bronco, hirsuto, insoportable. El metálico umbral de una corneta. Un hilo tenue columpiándose en el aire, hasta perderse tan alto, fluía del metal, de aquel metal que desdeñaba Arturo.[36] Todo —estrellas y hombres— acababa por encajarse en sus mudos casilleros y órbitas. Ya el silencio sólo podía ser interrumpido por las consignas bisbiseadas de los centinelas y vigilantes, por el áspero roce del sable del oficial de guardia.

*

Julio resucitó el segundo día de cuartel aturdido por una insoportable algarabía de cornetas: el toque de diana.

¡Diana! La veía llegar saltando entre robles y encinas, hecha de nácares su frente, totalmente desnuda, con el arco tenso, dispuesta a cazar miradas, como pájaros aturdidos, para traspasarlos de deseo. Venía hiriendo el aire con sus senos punzantes, recreándolo con sus claros ojos azules...[37]

Sintió en sus nalgas un golpe menos doloroso que inesperado. El golpe venía acompañado de un grito:

—¡A la fila!

¿Qué idea tenía del tiempo aquel cabo? Entre el toque y la lista el régimen interior establecía una cadena de minutos, pero él los había reducido a un segundo. Se había vestido antes del toque, y, para vengarse del bochorno de la manta, obligaba a los reclutas a estrangular el tiempo.

---

36 Se refiere al anteriormente mencionado Arturo Sánchez, violinista en la vida civil y que desdeñaba incorporarse a la banda militar.

37 El nombre del toque de corneta evoca en Julio la imagen de Diana, deidad romana de los bosques y la caza.

Julio comenzó a aprender el arte de vestirse al compás de una música de cinturón embravecido y en el espacio de pocos segundos. Los golpes se iban repartiendo escrupulosamente entre todo el noviciado, hasta que los reclutas se alinearon ante un papel atiborrado de apellidos en franca descomposición, mutilados por el escribiente del capitán. En la fila continuó Julio vistiéndose. Diana había desaparecido, y, donde él acababa de contemplar las puntas rosadas de unos senos, se erguían ya estúpidamente los fieros bigotes del cabo.

La aventura de la manta había hecho de aquel menudo representante del mando, un tigre. Exasperado, continuó toda la mañana ejerciendo sus funciones en el tono más ceñudo de las Reales Ordenanzas. Julio pudo comprobar muy pronto las distancias de tonos y semitonos apreciables en la escala del mando. Vio reunidas en el cuartel todas las categorías —el general de la división revistó los nuevos contingentes— y anotó en su carnet ideal las siguientes diferencias, que Arturo puso después en música; porque él, en toda escala, veía siempre un pentagrama.

Do. Nota baja y bronca. Jefatura mínima, muy mal defendible. Siempre en contacto con la tropa, exige pulmones muy robustos para sostenerla sobre la masa. Brote de autoridad. De ella a la del sargento va un tono completo, un absoluto cambio de tono.

Re. Nota menos opaca, más fácil de sostener, puesto que ya cuenta con las apoyaturas de los cabos. Fuera de la orquesta, la nota es siempre más sonora, y el sargento flanquea la sección, no se suma a ella como el cabo. En muchos trances asume y resume todo el mando: entonces —solista— se engalla[38] y ejercita para trances menores. En él acaba la democracia militar. Por eso, el brinco al oficial es

---

38   *Engallar*: Estirarse con arrogancia.

de un tono completo.

Mi. nota brillante, como las estrellas. Fácil de sostener porque ya el núcleo humano está totalmente desprendido de ella. El oficial es siempre solista, aunque también tenga que mandar a dúo. De él al capitán sólo hay un semitono: el capitán es, sencillamente, un oficial que se adelanta en la escala.

Fa. Nota rodeada de armónicas. ¡Capitán! Arrastra fragmentos épicos, resonancias históricas. Flandes y sus tercios[39]. Ancha nota donde caben evocaciones marinas, comerciales, plásticas y heroicas. Nota cumbre, viril. Desde ella al jefe o subjefe del batallón hay un ascenso completo en sentido castrense: descenso análogo en sentido vital.

Sol. Un tono más en el ejército, un tono menos en la milicia del amor. El jefe comienza a convertirse en padre. Su autoridad es ya tan firme que no le importa jugársela alguna vez, seguro de rescatarla. Si el cabo y el sargento pueden llegar a ser caciques y el oficial y el capitán dictadores, el jefe y el subjefe de batallón pueden, si gustan, llegar a ser padres. De ellos al coronel va un tono completo, en responsabilidad y en representación.

La. Nota que *da el tono* en un cuartel, que da la orden. Suprema nota estrellada. Nota síntesis. En el coronel hay un padre, un dictador y un máximo responsable. Sobre él ya sólo flotan bandas y entorchados, algo que el recluta sólo ve en días de gran espectáculo. En las revistas, el miedo del recluta va creciendo hasta llegar al capitán, desciende un poco ante los jefes y sufre un último ataque frente al coronel. Lo demás es protocolo.

Si. Nota de suprema afirmación castrense. Quien la da, puede reposar tranquilo. Del coronel al general hay un tono difícil para gargantas poco seguras. Suelen producirse

---

39   *Tercios*: La necesidad de control por parte de la corona española de sus posesiones de Flandes y Países Bajos a partir de 1506 impulsa la creación de un destacamento especial de soldados, el tercio de Flandes, con unos efectivos de 6.200 hombres, dedicados a guarnecer las zonas más conflictivas.

«gallos». En cambio, de esta nota a la siguiente sólo va un semitono, como del teniente al capitán. El general pasa fácilmente a ser divisionario. La escala concluye o vuelve a empezar...

Julio ordenaba su ropa, sus cepillos, sus carretes –negro, rojo y azul–, sus betunes, sus polainas, sus camisas... Iba a comenzar la gran revista de prendas, de donde –según todos los informes– salían siempre muchos reclutas arrestados. Lo extendía todo sobre una doble tabla, bajo la inspección de Arturo, que le iba al mismo tiempo explicando las notas del pentagrama castrense. El cabo rondaba los preparativos.

—Te falta hilo negro. ¡Hay que buscar hilo negro!

Arturo traía en seguida hilo negro.

—Ese cepillo... ¿No te dieron ayer cepillos nuevos? Ese es del tiempo de Zumalacárregui.[40]

—Algunos rateros tienen la atención de dejar una prenda vieja al llevarse la nueva. Hay que agradecerles el obsequio.

—Hay que romperles la cara. Va a ser difícil convencer al capitán de que ese cepillo ha vivido desde ayer tres años.

Por fin se completó el pintoresco surtido. Julio contemplaba estupefacto aquella variedad de su equipo. El negro de polainas y zapatos, el vivo grana del pantalón, el azul profundo de la guerrera, los crudos blancos de las prendas interiores, la algarabía de los carretes, de los cepillos y betunes... Los reclutas se presentaban en traje de cuartel, en alpargatas abiertas, donde los pies de Julio –nuevos en aquellos recintos– naufragaban azorados. No tardó en sonar el primer toque, el segundo toque, el tercer

---

40   El general carlista Tomás de Zumalacárregui (1788-1835) al que Jarnés le había dedicado en 1929 la primera de sus biografías bajo el título *Zumalacárregui, el caudillo romántico*.

toque. A lo largo de los toques iban todas las jerarquías militares desfilando por delante del cepillo viejo de Julio. Todas las impaciencias de un primer amor no son nada ante la congoja de ver tan envejecido un objeto que la tarde anterior vio la primera luz. ¿Quién sería el primero en darse cuenta de aquella nota disonante? ¿Qué profesor de armonía cuartelera fijaría sus ojos asesinos en aquel pedazo desportillado de madera, a medio pelo, como la cabeza bondadosa del comandante? Julio sufrió la «tortura por la esperanza», como cualquiera de esas víctimas inquisitoriales que los poetas «crueles» nos describen[41]. ¿Se iría a frustrar el paseo mitológico de la tarde por el hallazgo de aquel infecto utensilio?

Pasó el cabo. Iba tan encorajinado por la travesura de la manta, que no acertaba a sorprender ninguna falta. Pasó el sargento... Entonces Julio tembló. El sargento era la valla más difícil de saltar. Le vio contar los hilos, repasar, botón a botón, cada prenda interior y exterior, darse cuenta de que no faltaba correílla alguna a las polainas; le vio mirar los tacones de los zapatos, comprobar que las cajas de betún estaban llenas... Tocó un cepillo... Julio sudaba, temblaba ante la catástrofe... Aquel sargento, incapaz de gozar de miradas de conjunto, era un formidable analítico; podía, con un gesto, mutilar aquella tarde...

¡Nada! Julio respiró anchamente. El resto de la escala —él lo presentía— jamás podría llegar a tan escrupuloso examen; gozaría de las visiones de conjunto no asequibles por los empleados inferiores... El viejo cepillo seguía allí, desafiando el temporal.

El teniente, el capitán, el comandante... A Julio le

---

41 Referencia al cuento «La tortura de la esperanza» del escritor francés Philippe-Auguste Villiers de L'Isle-Adam (1839-1889), que calificó parte de su producción como «cuentos crueles», y donde se explica la historia de un judío víctima de la inquisición española y que cree poder escapar de su encierro la noche antes de su ajusticiamiento.

saltaba el júbilo por los ojos. ¡Estaba salvado! Su equipo era impecable desde puntos de vista superiores. Cuando llegó el general, se dirigió rápidamente a Julio, preguntándole:

—¿Vienes contento?

Julio, radiante, sólo podía responder:

—Sí, mi general.

*

Acabada la primera comida, los reclutas pudieron de nuevo salir del cuartel, y Julio –arrastrado por el torbellino rojo y azul– se encontró a los pocos minutos en la plaza de Cataluña... ¿Cómo había atravesado la región peligrosa de los ojos azules sin tropezar con su fascinación? Miró el azulejo de la calle: no era la de Balmes, era otra cualquiera. ¿Iba a retroceder? ¿Por qué rectificarle el rumbo al azar? Gozaría unas horas más de vida libre, en el libre regazo de la ciudad; se internaría en las Ramblas, donde la línea de una marcha se enroscaba pronto sobre sí misma[42]. Le aguardaban allí todos los espectáculos vitales: la zoología, la botánica, la mineralogía literaria repartida en unos quioscos, la química alcohólica repartida en otros, la religión y el arte mayor y menor repartidos por templos, teatros y *cabarets*; la industria y el comercio, todo cuanto puede añadir un hilo a la trama social, todo cuanto consigue llenarla de tedio.

A Julio le aguardaban allí otras sugestiones: las de un

---

42 En la Plaza de Cataluña, en pleno centro de Barcelona, se inicia el *paseo de las Ramblas*, que va a dar al mar. Julio recorre este paseo, arteria turística, caracterizado entonces como ahora por su profusión de quioscos y otros puestos con los artículos más pintorescos, así como por concentrar a sus lados numerosos teatros de la ciudad y lugares de ocio.

parque en proyecto. Los elementos se presentaban dispersos, en trance de fundirse en una arquitectura, como de distribuirse en un archivo. El terreno se dividía en parcelas arbitrarias: en una se agrupaban las flores; en otra, los pájaros; más allá, las estatuas. No lejos, el amor, o, al menos, el placer, un placer bien catalogado, a precio fijo...

Y, por fin, el agua. El mar, negro y turbio, divorciado de la poesía, entregado al comercio. Acaso no respondiese todo aquello a un ensayo de construcción, sino a un propósito de crear lotes de naturaleza según el gusto de los clientes. Y para los clientes que prefieren la naturaleza a través de sus comentadores, allí se alzaban los quioscos de libros y periódicos. Julio se detuvo frente al más opulento, lo miró golosamente, lo acarició con sus manos, como al más sabroso regalo de la ciudad, por quien el espíritu de la ciudad se define.

«Es como un oasis –pensó Julio–. Este tiene la forma de un árbol, nutrido de hojas, rasgado el tronco por esta dríada que asoma su rostro picaresco, invitando al transeúnte a buscar, entre tantas hojas nuevas, la fruta de un maduro pensamiento. Está lleno de cebos eróticos, de trivialidades risueñas... Como un tronco recoge todas las esencias de la tierra y las devuelve transformadas en savia, en sangre, vegetal, así un quiosco va recogiendo gran parte de la vida mental de la calle y nos la devuelve en revistas, en periódicos, en folletos. Unas veces en estampas, otras en opiniones escritas; unas veces en prosa, otras en verso. El pliego de aleluyas suele alternar con el artículo del filósofo; el dibujo de un maestro, con la desmarañada caricatura de un novicio. Todo quiosco es un bazar... Además de ser una pequeña feria de vanidades. En él se expenden, bajo todos los precios y según todas las escalas de perfección, frag-

mentos de espíritu original o con pretensiones de origina-
lidad. No refunfuñemos cuando el autor no quedó a la
altura de su vanidad; no queramos adquirir por tan poco
dinero, por tan escasa atención, el derecho a tropezarnos
a cada instante con el genio.»

*

Pronto el ruidoso vaivén de la ciudad fatigó a Julio,
que, apartándose de las Ramblas, se hundió en la urbe
pura, hecha sólo de muros, de aceras, de umbrales y de
transeúntes, sin interpolaciones de selva o de jardín zoo-
lógico, con su médula sabrosa de arte, con su catedral
gótica, donde Julio se sentó a descansar.[43]

¿Quién dudará que el mejor punto de reposo y de
partida para una cadena de meditaciones es el escaño de
un templo ojival? Lo protege un bosque de palmeras, pero
sin pájaros que picoteen el silencio. Lo defienden los muros
de un palacio, donde el señor nunca aburre con preguntas.

Julio comenzó a desdoblarse para tener con quién
hablar. Lamentaba no haber invitado a Arturo a acompa-
ñarle en el viaje. El hombre, como un cuadro, aun el más
hermético, debe dejarse libre un ala para que puedan de
ella asirse los demás; pero ningún órgano crece sino en presencia de un estímulo.

Julio necesitaba buscarlo. Ahora destacaría de sí al
Julio más tímido, al Julio aprendiz de hombre social, al
menos firme de todos los Julios escondidos bajo el mismo
uniforme. Era preciso robustecerlo, aun a costa de[l] Julio
original. Una nueva vida comenzaba exigiendo un sentido,
un plan. Había que elegir pronto entre estos dos caminos:

---

43 Gran parte del lado este de las Ramblas está ocupado por el barrio gótico,
una de cuyas joyas arquitectónicas es la Catedral, de la que se inició la
construcción en 1298.

Primero, crearse un presente.

Segundo, elaborarse un porvenir.

Pero le detuvo el pensamiento una pareja de amantes que brotaba de la sombra de una capilla. Pensó Julio que acaso el verdadero deleite erótico logre su expresión más honda en una oscura catedral a las tres de la tarde mejor que en un luminoso *cabaret* a las tres de la madrugada. Las sombras rodean solícitas a los enamorados. Desde lo alto de sus ménsulas les saludan algunas amadas de artistas, convertidas en santas por el oro de la fe. Así recuerdan tal vez sus horas de modelo, ellas que ahora, tan lejos de su Cellini[44], se ven cubiertas de polvo, con la calavera en la mano.

Las rubias Magdalenas se miran el nimbo dorado, único signo que las separa de su hermana Afrodita[45] —también de oro , de aquella Afrodita que huyó cierta noche del taller, adquirida por el oro del *snob*...

Julio, ya en plena dispersión, no pudo poner de nuevo en marcha el pensamiento, y salió preguntándose por qué había entrado allí. ¿Fue a buscar un poco de silencio, a rehacer su intimidad destrozada por el cabo estúpido, por sus atolondrados compañeros? ¿Fue, empujado por una vehemencia subterránea, a comprobar la existencia del sepulcro de Eulalia?[46]

Salió de nuevo a las Ramblas, y de pronto le acometió un vehemente deseo de reeditar el único minuto vivo del día anterior, el minuto en que se realizó el trasplante de los ojos. ¿Por qué no intentar una repetición del milagro?

44 *Cellini*: Jarnés utiliza como metonimia del escultor la figura del italiano Benvenuto Cellini (1500-1571). La referencia es irónica ya que es sabido que varias de sus modelos fueron también amantes.

45 La aureola propia de las imágenes sagradas es así la única diferencia entre las esculturas femeninas cristianas y las esculturas paganas, como las de Afrodita.

46 *Eulalia*: fue una joven que por reclamar justicia para los cristianos fue ajusticiada por el cónsul de Barcelona hacia el siglo IV, y cuyos restos reposan en la cripta de la Catedral de la ciudad.

Buscó la calle de Balmes y, ya en ella, vio sorprendido que un grupo de camaradas de pelotón prorrumpía en gruñidos de voluptuosidad ante el mitológico escaparate.

«¡Son unos cerdos!», pensó.

¿Unos cerdos? Julio quedó todo crispado. ¡Unos cerdos! ¡Es ella! ¡Sólo podía ser ella, como en Homero! Veía claramente la voluntad de los dioses, y desde luego, pensó aceptar —¡emoción suprema!— el papel de favorito de la encantadora.[47]

Como el poeta, se dejaría confinar su presente por aquellos brazos blancos[48], por aquellos dedos redondos, que repiqueteaban en el cristal, despertando en la calle una muchedumbre de apetitos. Porque en el pan de su belleza, cuyas migajas ideales llegaban hasta los compañeros de Julio, aquellos malignos dedos habían deslizado el veneno homérico, y los infelices reclutas, en triste reata, corrían a precipitarse en las abigarradas pocilgas del Paralelo y sus contornos.

La varita mágica resultó inflexible; Julio no intentó oponerse. Resuelto a no dilatar la aventura, impediría nuevos escamoteos de los ojos transmigrantes; entró de golpe en la tienda... Y aun pudo sorprender el conato de fuga. Quedaron allí los ojos, detrás de una vitrina, mirando burlonamente. Y en el mostrador, su copia exacta, en un estuche gastado.

Un vago gesto indicando cualquier álbum. Una sonrisa comprensiva en la boca más usada, y un temblor de manos al hojear el álbum de cupletistas pintarrajeadas que le ofrecen.

---

47 En la *Odisea* (libros X-XII), Circe la hechicera convierte en cerdos a los compañeros de Odiseo. El héroe, ayudado por Hermes, resiste al encanto de la maga y tras convencerla de que les devuelva la forma humana, se queda con ella un año entero.

48 Jarnés quizá aluda al verso del poeta Max Jacob «sus brazos blancos llegaron a ser todo mi horizonte».

Julio se sentía arder la frente y una sien: de su cabeza sólo quedaba libre de saetas la otra sien... Paisajes cursis, parejas amarteladas[49]...

—Otro...

Seguían corazones rabiosamente atravesados por flechas, balcones de Verona, ventanas de Hero...[50] Julio se sentía víctima de un ceñudo interrogatorio. Era un examen de buen gusto. Le arrojaban gradualmente preguntas cada vez más laberínticas. Y la hechicera aguardaba, recelosa, quizá impaciente, el fallo. Acaso no veía en Julio todos los signos prefijados por los dioses.

De pronto llamaron desde el interior, y la más joven fue invitada:

—Cecilia, atiende al señor.

Comenzaba a cumplirse el augurio y Julio tembló al quedarse a solas con Cecilia, como temblaría el juguete si pudiera darse cuenta –al caer en manos del niño– de la inminencia de un destrozo.

—Reproducciones de cuadros.

—Aquí tiene.

Nunca se ha realizado tan minuciosa revisión de valores pictóricos internacionales como el que Julio acometió aquella tarde. Lentamente, desfilaron las Madonas, los Apolos, las Bacantes. Julio rechazaba, uno a uno, todos los mitos. Venían bailarinas de Pompeya, vestales, dríadas, penitentes, ninfas... Juno, Minerva, todas las Andrómedas, todas las Afroditas...[51]

Hasta que Ella surgió entre dos monjes de Ribera.

---

49 *Amartelados*: Acaramelados, muy cariñosos.

50 En un balcón de Verona esperaba Julieta a su amado Romeo en la obra de Shakespeare, como, según la mitología griega, desde la ventana de una torre la sacerdotisa Hero aguardaba la visita de Leandro, que cada noche cruzaba el Helesponto (el actual estrecho de Dardanelos) para ir a visitarla.

51 Aquí se reúnen en pocas líneas los nombres de algunos de los más importantes personajes femeninos de la mitología clásica, diosas, heroínas y otros seres fabulosos, caracterizadas sobre todo por su belleza.

Desnuda, con la varita en las manos, inclinando hacia delante el busto armonioso, llamando a los viandantes con su voz de caramelo.[52]

—Esta.

—¿Circe?

—Sí, Circe.

---

[52] Jarnés describe una reproducción postal de la figura de Circe inspirada en algunos cuadros famosos a ella dedicados como *Circe ofreciendo la copa a Ulises* (1891) del pintor inglés John Williams Waterhouse (1849-1917), *Circe* (1900) de Wright Barker (1864-1941) o las dos obras que le dedicó el pintor renacentista italiano Dono Dossi (1490-1542).

«¡A qué grados de penoso barroquismo puede llegar una función, en apariencia tan sencilla, como esta de andar!»

Al decirse esto, Julio dio media vuelta. Luego giró hacia el costado izquierdo por quinta vez, después de haber girado ocho veces por la derecha. El pelotón retrocedía, avanzaba, se detenía bruscamente, variaba de frente, perseguía con disciplinada tenacidad figuras exactas. El encerado se iba cubriendo de oblicuas, de paralelas, de perpendiculares, como en una lección de inexorable geometría.

«¡Esto es querer hallar la cuadratura de la circulación! Los instructores están locos.»

—¡Oído a la pisada!

—¡La vista al frente!

No recordaba Julio que todavía era un niño y, en cualquier infancia, la operación de andar es siempre muy costosa de aprender.

Aquella mañana los reclutas dibujaban en la Gran Vía Diagonal un alicatado[53] laborioso. Mientras los arquitectos maduraban en su estudio los planos de futuras construcciones, el pelotón utilizaba aquel trozo de urbe ideal, donde rectas hileras de adoquines fijaban los límites de aceras embrionarias, para marcarse hitos de marcha. Se agotaban todas las trayectorias posibles dentro de las dos solas dimensiones dadas mientras llegaba la tercera.

Seguían las voces del sargento, las apostillas al cabo:

—Alto... Al.

—El pelotón ha de quedar como una tabla.

Juntaban rítmicamente los talones, quedando inmóviles, rígidos. Cada ¡alto! era una instantánea, que permitía sorprender en la fila sus ángulos, sus quebraduras, sus relajaciones. Andar era difícil, pero era más difícil pararse.

---

53   *Alicatado*: Revestimiento de azulejos.

—¡Como una tabla!

Julio meditaba, en la imposibilidad matemática de acompasar tan diversas energías musculares, en el *tempo* fijado para cada movimiento. El inventor del *Reglamento táctico para tropas de Infantería,* muy ducho en simetrías, alma rectilínea, odiaba toda sinuosidad; sólo pensó en esquemas angulosos. Eliminó la línea curva. A cada conato de morbosa ondulación se rehacían las filas, reconstituían sus rígidas paralelas. Todo era un problema de rectificación.

—De frente... Mar.

A la segunda voz, cincuenta pies izquierdos avanzaban decididos, simétricos. Si sólo avanzaban cuarenta y nueve, el pelotón se detenía y comenzaba de nuevo. Los errores de avance nacían ya en el primer paso y se reflejaban totalmente en el primer paso y se reflejaban totalmente en el último. El resto era una cadena monométrica tendida entre dos voces.

Y un error de medida producía, automáticamente, un grito del instructor. Cada paso exigía sus precisos centímetros y cada recluta ejercitaba durante la marcha dos funciones: la de moverse y la de medirse el movimiento. El recluta número cincuenta miraba de reojo un determinado botón de la guerrera del recluta número cuarenta y ocho, y éste, otro botón de la guerrera del recluta número cuarenta y seis. El número dos, por fin, miraba al pecho del número uno, de Julio.

Era el número uno por voluntad expresa de la naturaleza, por las razones más sencillas, por razones de estatura: su talla le concedía cierta engorrosa preeminencia, porque, no teniendo a su voz botones de guerrera orientadores, su línea de avance sufría diariamente dolorosas oscilaciones. Un capricho del hada que reparte las estaturas le había colocado como primer elemento, al cabo de esta línea recta, que avanzaba paralela a sí misma, al son de un tambor.

Julio era el guía. Para que el pelotón avanzase geométricamente, Julio había de ser fiel a una recta ideal, que, partiendo de su nariz, moría, provisionalmente, en una piedra, en un guiñapo, para renacer y limitarse por un matojo, por una cabeza de vendedor ambulante. Ingeniero de su propia marcha, estaba obligado a recorrer en su inflexible trayectoria todas las perpendiculares que los demás le fuesen trazando; y aquella mañana Julio ya estaba fatigado de dar vueltas en el tablero monótono.

Lo mismo hubiera ocurrido en el *Discurso del Método* si Descartes se hubiera encontrado a una rubia en su camino[54]. Hoy una cabeza rizada, elegida como hito rubio de avance, marcó el punto irreparable del desmoronamiento. La tan disciplinada geometría acababa de sufrir una grieta. La muchacha cambió de frente, y con ella todo el pelotón. Las filas comenzaron a oblicuar lentamente. Gritaron:

—¡Ese guía!

El guía mezclaba elementos armoniosos en estos ejercicios de ruda simetría. Y la armonía tiende voluptuosamente a la curva, a aquella infortunada curva perseguida por el *Reglamento*. Sólo se toleraba en las variaciones, circunstancialmente. Y Julio, por su aturdimiento, fue condenado al castigo de la variación, es decir, al suplicio de la curva. Caía en el hoyo que venía cavándose. Una variación puede ser descanso o tortura, según el costado. Hoy se realizaban por el ala opuesta a Julio. Julio no marcaba el

---

54   La obra el *Discurso del Método* (1637) del filósofo francés es modelo de explicación y ejemplo de un método geométrico y que se pretende puramente racional para alcanzar la verdad.

centro de un arco, sino el arco mismo: para ganar un nuevo frente era preciso avivar el paso, describir sobre la gran pizarra arcos enormes de noventa grados, mientras el número cincuenta, al otro extremo, cambiaba ligeramente de postura.

Tormento de la curva que se repitió algunas veces, porque Julio seguía interpolando en la táctica de a pie elementos líricos, de táctica de pájaro, que aflojaban la rigidez marcial.

Ahora acudía al campo una adolescente acariciando a su lulú[55]. Se detenía al borde del campo de instrucción para ver ir y venir los pelotones, esperando encontrar en las evoluciones alguna torpeza de qué reírse. Porque nunca faltaba un recluta, condenado a no poder seguir el ritmo del tambor, que daba traspiés aparatosamente como quien busca por el suelo una armonía imposible de hallar dentro de sí.

—¡Ese paso!

El infeliz recluta sudaba, jadeaba, perseguía desesperadamente los pies de sus camaradas, ensayando desdichados mimetismos. Su divorcio con el compás de dos por cuatro era absoluto.

—¡Cambia ese paso!

Hubo un momento en que la tobillera[56] del perrito sonrió picarescamente a Julio. El pelotón avanzaba hacia ella. Julio se le acercaba denodadamente, no como un arrojado amante, sino como un número de fila táctica. Su estrategia era la misma Estrategia, sin metáforas.

Y la adolescencia acentuaba sus sonrisas. Julio advirtió, sorprendido, que la desconocida comenzaba a hacerle señas. Era algo inexplicable, porque era evidente que

---

55   *Lulú*: perro de compañía de tamaño mediano, color blanco y pelo largo.
56   *Tobillera*: Una joven que por su edad ya no viste como niña, aunque todavía no se ha puesto de largo por lo cual muestra los tobillos.

el recluta avanzaba, no según una escala de fervores hacia las bellezas en flor, sino de fidelidad a un reglamento. Pero los ademanes de la muchacha del lulú eran cada vez más vivos.

—¡Ese guía! ¡Majadero!

De pronto, Julio, absorto, se encontró aislado en la Gran Vía Diagonal, ya al borde del campo, como esa letra final de un largo polinomio que queda sin borrar en la pizarra.

Se halló desprendido de la simétrica masa, siguiendo una dirección inútil, un compás inútil: aerolito desprendido de un planeta en liquidación, que pretendiese, él solo, seguir el ímpetu y la órbita de la gran mole ausente. El pelotón había dado media vuelta, y Julio, sumergido en la atmósfera enrarecida del culto a la belleza pura, se había convertido, de número de fila táctica, en arrojado amante de la bella del perrito. Como tantas veces, Julio pretendía alejarse de su cuerpo, sin recordar que su cuerpo le seguiría siempre.

Retrocedió asustado. El pelotón estaba a cincuenta pasos. Cuando se incorporó a la fila, el número dos le sonreía socarronamente, y Julio le hubiera abofeteado por no avisarle con el codo, como otras veces. El número tres blasfemaba, porque presentía una reiteración del tormento de la curva; al fin, su radio era apenas un metro más corto; su curva era también de castigo, de un castigo sin delito. He aquí por qué las evasiones armoniosas de Julio incorporaban al pelotón una turbia levadura de asimetría y de inmoralidad.

Continuaban las voces:

—Alto... De frente... Mar.

Aquel campo de Marte, provisional, amenazado por

una irrupción de rascacielos, se prolongaba por un extremo hasta la calle de Balmes. Faltaban unos minutos para finar el ejercicio. El pelotón, ya fatigado, apuraba los últimos sorbos de la mañana, evolucionando a pie firme. Frente a Barcelona, rendía honores a príncipes y dioses imaginarios. Se arrodillaba, presentaba las armas, volvía a la cabeza a uno y otro costado. Una tregua para los pies cansados, que empujaban hacia los brazos sus residuos de vigor.

Ya el cornetín se disponía a tocar *alto,* cuando surgió Cecilia en dirección al pelotón. Venía sola, risueña, deliciosa. Julio aventó sus recuerdos de Cecilia para alojar dentro de sí una imagen más fresca frente a ella misma. Quiso hacerle una seña, pero fue inútil: hacía falta un grito. Cecilia se acercaba, mirando, infantilmente, a los reclutas... De pronto, reconoció a Julio, le sonrió; Julio inventó un ardiente idioma para sus ojos evadidos.

—¡Ese recluta! ¡Arrestado!

Julio miró en torno, lleno de sobresalto. Allí estaba el pelotón, no a cincuenta pasos. Pero las dos filas se habían arrodillado ante Cecilia, menos él, menos Julio, que ya la adoraba, y, sordo a la voz del instructor, se había quedado en pie.

Cuando Julio fue a arrodillarse, ya el pelotón se había puesto de pie. Se convirtió en un contrapunto de tropas al unísono. Al volver la espalda a Cecilia y dar frente a los bigotes hirsutos del cabo, escuchó —abrumado— estas palabras:

—Ya me las entenderé contigo. Eres una calamidad. El sargento va a dar parte al teniente.

Y el teniente lo daría al capitán, el capitán al comandante, el comandante al teniente coronel, el coronel al general de brigada... Y si aquel día acertaba a pasar por allí el

rey, el rey mismo se enteraría de que Julio no se había arrodillado puntualmente ante Cecilia al oír la voz de mando.

—¡Estás siempre en el limbo!

Esta voz era la del sargento, más suave.

—Sí, mi sargento.

—Nos estás estropeando el pelotón.

—Sí, mi sargento.

—Y todo por holgazán, por abandonado... ¿En qué
piensas? Durante la instrucción no se piensa.

No. Una ruedecilla de máquina no piensa; obedece re-
chinando lo menos posible. Tampoco piensa un peón de
ajedrez.

—Vas a tener que quedar arrestado para que escar-
mientes. Pasa al calabozo.

*

Si el campo de atención se reduce, la atención es más
viva, según está escrito. El campo de instrucción se redujo
para Julio a un estrecho recinto disciplinario. Del Ensanche al calabozo, corría toda la escala de intensidades de
atención, y Julio comenzó a meditar agudamente en sí
mismo. La confesión fue siempre medicina, sus prelimi-
nares también lo son, el examen de conciencia puede convertirse en un deleite –enfermizo, pero intenso, como cualquier orgasmo–. Le pareció un momento que el calabozo
iba a ceñírsele tenaz al pecho, que iba a estrangular a su
aturdida víctima; llegó a temer algún brote de dudoso pa-
tetismo; pero risueño, audaz, se arrancó la argolla; llegó a
regocijarle verse allí tan solo, tan libre, en medio del recinto hostil. Acaso le hacía falta esta nueva experiencia
para aumentar así su ya nutrida colección de ambientes.

«Voy a superar a Narciso –pensó–. Narciso se veía la piel, yo voy a verme las entrañas.»[57]

Se palpó los bolsillos y extrajo de ellos los objetos a que hoy se reducía su parca intimidad: un libro, unas monedas, un plano de la ciudad, un lápiz... Todo lo que puede llevar consigo un náufrago, que al fin lo ha salvado todo, puesto que se salvó a sí mismo. Le divertía pensar en la enorme impedimenta externa que suele acompañar al viejo desnudo de grandes equipos interiores, que suelen rodear al pensamiento huero de pomposos cortejos de palabras.

Julio se entregaba a la más peligrosa aventura: al conocimiento de sí mismo. ¿Podría salir triunfante en ella? ¿Saldría con sangre en los dedos por haberse tropezado con alguna llaga inadvertida? Porque de una excursión por la propia intimidad, ¿quién, que no sea necio, puede salir no odiándose? «No reflexionar profundamente acerca de alguien si se desea seguir queriéndole» –era el consejo de un filósofo–; ¿podremos nosotros mismos exceptuarnos? Julio temblaba al acercarse a una intimidad mediocre, a un espíritu mezquino; le daba pena verle dar vueltas alrededor de sí mismo y decidir no sólo ser el eje del mundo, sino bastarse plenamente a sí mismo. ¡No, no! La intimidad robusta da también sus vueltas en redondo, pero encuentra en seguida un portillo[58] y por él se lanza a confesar cualquier llaga, cualquier mutilación, para que el mundo prepare su botiquín de urgencia. Espíritu a la ofensiva, derramado hacia fuera por no creerse demasiado fuerte para resistir su propio examen. El espíritu mediocre no rectifica, no busca piedras de toque, se atrinchera, permanece a la defensiva. A su propia incoherencia capaz es

---

57 *Narciso*: Personaje mitológico que se enamoró de su propia imagen reflejada en el agua.
58 *Portillo*: Abertura en una pared o muralla.

de otorgarle un valor de profundidad antes de admitir luces ajenas. Él mismo no se comprende... ¿Cómo van a comprenderle los otros?

«Son los otros —seguía pensando Julio—; son los otros quienes han de comprenderme, definirme.»

Pero le sobrecogió una inquietud abrumadora, como ante el más duro examen, el de su vida profunda. Estaba en el umbral de una angustiosa batalla con el mundo. ¿Con qué armas contaba? Vio de pronto su propia intimidad temblorosa, desnuda. Nunca la vio tan encogida, tan pequeña y friolenta. Recorrió las fases de su vida, en que ella fue creciendo, robusteciéndose, desembarazándose de inútiles ropajes...

Su historia, su pobrecilla historia:

Una infancia soñolienta en que un pueblo, una vega, un cielo, todo junto, componían la indecisa intimidad de Julio: hubiera querido, en un viaje, poder llevar consigo toda aquella impedimenta —árboles, templo, nubes, viñedos, fuentes—. Su orbe interior tenía las mismas dimensiones que aquel difuso mundo estimulante.

Pero fue creciendo el segundo, mientras se reducía el volumen del primero, aunque ganando en vibración. Cuando, adolescente, ingresó en el internado, ya su intimidad, reducida a unos pocos objetos, podía replegarse en un baúl. Ya no le rodeaba: le precedía o le seguía, a espaldas de un mozo.

Más tarde, en el cuartel, sufrió penosas mutilaciones. Ya no podía extenderse, medrosa, por una celda, siempre atisbada; tuvo que acurrucarse, ovillada, en la angostura de una mochila, capaz de ser llevada a cuestas como un equipaje de romero, de servir de piedra de asiento en las marchas, de almohada en los *vivacs*...

La intimidad iba así eliminando todo lo superfluo, jirones de lo sustancial, endureciéndose, depurándose; de ella, apenas quedaba ya la almendra amarga, como esas frases definitivas, duras, hirientes, del buen estilo, que acaban de expulsar su último epíteto impreciso.

Ahora, dentro del calabozo, temía perder aquella última almendra, quedar solo, sin su propia intimidad. Apenas le quedaban unos menudos objetos: los que podía guardar en el bolsillo. Todo el mundo acabaría por ser propiedad ajena; todo, excepto aquel lápiz, aquel plano, aquellas monedas...

Estaba a un paso del náufrago que, en plena desnudez, arriba a un islote desierto. Julio pensó en el puente que podría lanzar desde el islote a la gran playa. ¡Una botella con un mensaje de amor dentro! Restaurar su intimidad maltrecha. Un nuevo recinto donde aturdirse, antes de que esta intimidad, ya tan regustada, le supiese a ceniza.

¿Por qué, en definitiva, no enriquecer su presente, crear otro más risueño?

Sí; era muy difícil: el mundo está montado para fabricarse en él futuros.

Todos sus talleres tienden a ofrecer al obrero humano lo indispensable para obtener un porvenir a trueque de irse viendo desmoronar el presente. Desde el humilde centón[59], *Los cien medios de ganarse la vida,*[60] hasta los grandes Bancos, todo está organizado para que, siguiendo ciertas escalas de resignación, al precio módico de un puñado de virtudes menores, pueda comprarse un porvenir.

Y Julio, recién nacido, que apenas sabía andar, no comprendía tan lenta marcha a través de los escalafones.

---

[59]   *Centón*: obra literaria compuesta con fragmentos de otras obras.

[60]   Jarnés hace una referencia irónica a los libros dedicados a mostrar múltiples maneras de ganar dinero. Destacan entre ellos los publicados por Eusebio Heras Hernández con títulos como *Mil doscientas maneras de ganarse la vida*, *300 fórmulas para ganar dinero* o *Las 4200 fórmulas del éxito*.

Si el mundo no le ofrecía materia para elaborarse un presente, él, tan aturdido, ¿podría írsela robando? No teniendo capacidad de trepador, iba a serle imposible.

¿Y un dominio espiritual? ¿Por qué no intentarlo?

Suele el hombre de porvenir dejar el mundo intacto: sólo toma de él leves porciones de aire –ilusiones, fe, convicciones inamovibles–, porciones de color, de epidermis. La médula de las cosas queda entera para el hombre del presente. Mientras aquél se empeña en aceptar el mundo como un largo pasillo, al final del cual no hay nada, éste lo acepta como un nutrido bazar, que gira en torno. Desde su eje, ensaya cada minuto un tentáculo nuevo para apoderarse de una imprevista, de una efímera belleza. Julio podría ser dueño del mundo si conseguía adiestrarse para percibirlo bien. (Pero tal destreza, ¿cómo adquirirla sin renunciar al mundo? Julio seguía trayectorias falsas, como en el pelotón.)

En este gran bazar de deliciosos juguetes, estaba en primer término el amor; ¿por qué no comenzar por acercarse suavemente al amor, a un amor que Cecilia no podía escamotear, ni siquiera aplazar, sin incurrir en el enojo de los dioses? ¿No estaban los dos nombres –Cecilia, Julio– en la misma ruta, enlazados para siempre por un decreto mitológico, inexorable?

Urgía lanzar la botella de mar. Un viento propicio la iría empujando hasta la playa... Desde el día en que Julio, ante el mostrador de los cuatro ojos azules, pasó revista a todos los mitos, ninguna palabra encendida pudo acelerar el ritmo de aquel ineludible dúo. Apenas si, a través del cristal, se acentuaban las sonrisas; apenas si los ojos ensayaban algún guiño fuera de época; técnicas vetustas de la coquetería, en vez de apresurarse a enlazar alegremente –

como en una postal– dos corazones. Julio, por fin, escribió este mensaje:

«Cecilia: Una mañana, al pasar usted, todos mis compañeros de pelotón se arrodillaron, excepto yo, que la adoro. Por tal irreverencia, por otros muchos atolondramientos que la inquietud de esta adoración me causa, le escribo en un calabozo, desde donde intento apoderarme del mundo para ponerlo a los pies de usted, Cecilia. Quiero en seguida ocupar en la intimidad de usted el puesto que me han señalado los dioses, y me impacienta no conocer aún hasta qué punto intentará usted resistir las órdenes del destino. Dígame su voluntad. Y no tarde, porque un calabozo agudiza todas las calenturas, singularmente la del amor. Cuando me acerque a usted, seré –no lo dude– un ascua».

*

Tres días después –la misma mañana en que fue puesto en libertad–, Julio recibió esta respuesta:

«Estimado cliente: Al principio creí que usted estaba loco, pero papá –que sabe muchas cosas– me lo ha explicado todo... Y él y mamá se han reído mucho cuando les expliqué lo de Circe. Ahora resulta que usted no se llama Julio, sino Ulises. También a mí me inquieta verle convertido en ascua. Venga pronto para detener el incendio. Le aguarda a usted un jarro de agua fría.»

Aquel recluta flacucho, de ojos infantiles, de manos finas, delgadas, que recorrían nerviosamente el menudo Olimpo encarcelado sobre el mostrador, produjo desde el primer día una extraña impresión en ambas Cecilias. Primero, por curiosidad, curiosidad de ojos y oídos, curiosidad menor, acaso frívola; después fue la gran curiosidad que en la mujer sólo puede agrandar la simpatía. Una tarde se dijeron:

—Ese muchacho debe de ser estudiante.

—Va vestido como todos, con uniforme de almacén.

—Pero en seguida se le distingue...

La madre hubiera querido entonces poseer un claro concepto de la distinción para allanar a la menor Cecilia el difícil camino de la comprensión de Julio; pero se limitó a añadir:

Sus padres no habrán tenido dinero para pagar la cuota.

—Claro.

La Cecilia menor tenía bien medida la distancia del traje al cuerpo del recluta; sin atender apenas a su madre, se dedicaba a rectificar mentalmente los perfiles del uniforme impersonal... (¿Por qué se entrega tan prematuramente a estas faenas de estilización de un desconocido? La pregunta bailoteaba en su cerebro, poco habituado a explicarse nada.)

Para la madre, la pregunta y la contestación emergieron paralelas. Pero no [quiso] revelar ninguna de las dos. Se contentó con fijar profundamente los ojos en su copia exacta, engastada en el rostro infantil de la segunda Cecilia.

—¿Escribió? No me no niegues. Me interesa mucho.

—En broma... Comenzó por dejar aquí estos versos.

—Dámelos.

Iban al respaldo de una Circe. Tres quintillas perfectas, tres vagidos eróticos imperfectos. La madre pensó:

—Se comienza por columnas de versos y se acaba por columnas de cifras. Lo mismo ocurrió con Martín. El novio se desarrolla según leyes de una aplastante repetición.

Martín era su marido desde hacía veinte años. Llegó una tarde, muy pálido, muy triste, a encargar una ataúd para su hermana...; porque los padres de Cecilia eran dueños de *La Eterna Paz,* almacén de pompas fúnebres[61]. Un ataúd de los más pobres, porque Martín lo era también; pero ¡tan laborioso, tan inteligente, tan dócil! El padre de Cecilia lo advirtió inmediatamente.

—Parece muy listo ese muchacho.

Dos meses después, Martín era contable de *La Eterna Paz.* Un año después, cajero. Dos años más tarde, jefe de aquel ejército de fantasmas geométricos apoyados en el muro o tendidos en el sótano, despellejados unos, correctamente enfundados los otros en su falsa piel, negra o blanca, tatuada de oro falso.

Cecilia reprodujo en silencio la opinión:

—Parece muy listo ese muchacho.

Y el sencillo comentario de su padre:

—No hay que fijarse en la posición social, sino traer aquí un muchacho inteligente. Si no tiene dinero, razón de más para que conozca su valor, para que aprenda a ganarlo. Eso es siempre mejor que haber aprendido a gastar el dinero ganado por los otros. Todo se puede adquirir con dinero, hasta un poco más de talento; al menos la serenidad para desarrollarlo... Etcétera.

Martín aprendió a ganarlo, y lo ganó. Seis años

---

61 En un nueva referencia intertextual, Jarnés hará que en esta misma empresa recale, con tareas de administrador, el protagonista de *El profesor inútil* en la segunda edición de 1934, tras abandonar la docencia.

después montaba otro negocio. Se reservó las pompas fúnebres, y colocó a Cecilia al frente de un negocio más risueño: la compra y venta de postales. Cuando les nació una hija, la vida de la madre tuvo desde entonces dos fines: educar a Cecilia y ampliar el negocio de tarjetas hasta llegar al copo de comunicaciones policromadas. La moda obligaba a los amantes, a los amigos, a todo el mundo, a intercambiarse frívolos pedazos de mundo iluminado en los talleres de Cecilia. De un mundo real o un mundo aparente, reproducido o soñado, cínico o pudoroso... Había en la tienda un casillero reservado a los amantes de la plástica ingenua y otro a los amantes de la plástica aderezada: el desnudo absoluto y el desnudo relativo. Paisajes primitivos y derivados, simples y compuestos, animales y vegetales. Pocos huían del peligro de ser cursis. Miles de intimidades se iban envenenando de falsa literatura plástica; miles de ojos incautos se posaban en corazones de bermellón, atravesados por flechas de hojalata... ¡Época inefable, residuos pintorescos de un romanticismo en fuga!

Como Cecilia necesitaba un yerno a su medida, repitió las palabras «sacramentales», que allí tenían calidad de fórmula:

—No hay que fijarse en la posición social, sino traer aquí un muchacho inteligente. Si no tiene dinero...

Pr[o]cederían ya a toda consagración doméstica. Por ella, periódicamente, tradicionalmente, con la exactitud con que vuelven los equinoccios, se injertaría un miembro en el árbol genealógico de los Palafrugell. Quizá el mismo Julio, veinte años después, la habría de repetir al ver llegar a un aspirante:

—No hay que fijarse en la posición social, sino traer aquí...

*

Hoy Julio, completamente ajeno a toda ajena elaboración de su destino, se limitaba a ensayar el verso libre al dorso de una Andrómeda.

Acudió a los tres días. Entró alegremente en la tienda y fue recibido con la risueña amabilidad de otras tardes, aunque más razonada. En Julio la alegría marcaba un grado de fiebre vital; en Cecilia –madre– el resultado de una complicada operación.

Frente a Cecilia, una pomposa cliente defendía la calidad de unas postales. A Julio le sorprendió escuchar:

—Las fotos son muy recientes, señora, y creo que han de tener salida.

Cecilia argumentaba en contra:

—Estas piernas están algo torcidas. Seguramente usted no las tiene así... Y estos muslos, tan rechonchos... ¿Cómo pueden ser los de usted?

El asombro abría de par en par los ojos del recluta. Sin dejar de sonreír, le invitó Cecilia:

—Pase ahí dentro, Julio. Pronto iré yo.

Desconcertado, traspasó el umbral, cruzó la línea terrible que separaba el ámbito libre de la dulce oficina donde se elaboraba su propia esclavitud. Ella acudió, retozona; le estrechó las manos; comenzó diciendo:

—¿Decides, por fin, arrodillarte?

—Cúmplase su voluntad. Usted es mi diosa.

—¿A qué dios se le trata de usted?

—Es verdad, a ninguno.

—En verso me tuteas; hazlo también en prosa.

—En prosa, en verso y en idioma algebraico si tú quieres.

—Me contento con una prosa agradable.

La red se teje así, suavemente. Primero los hilos son meramente gramaticales, inflexiones de voz, cadencias, subrayados, presiones, silencios... Después vienen los ásperos calabrotes, las relingas[62].

—Tienes mucho talento, lo dice mamá... Porque yo de eso entiendo poco.

—Muchas gracias. Pero no tengo dinero, no tengo porvenir.

—Debes creártelo. Es indispensable.

—Entonces no me quieres a mí, quieres al hombre que resulte de una larga elaboración.

—No te comprendo.

—Ahora sólo me preocupa el instante en que estoy viviendo. El presente.

—¿Qué es el presente?

—¿El presente? Pues... algo provisional. Probablemente ni siquiera existe. Pero sería delicioso ser el viajero que nunca llega.

—No, no. Hay que llegar a cosas definitivas, prácticas.

—Por lo pronto, llegar a ti, que eres... ¡definitiva!

—Quieto. Hay que aprovechar el talento para crearse un porvenir en serio.

—¿Y por qué no alegremente? Bien, yo voy a creármelo; pero, entretanto, ¿no vas a sonreírme?

Ella se dejó vencer por la vehemencia infantil de aquellos ojos, fundió con la de ellos su alegría. Su madre –la astuta cómplice– los halló cogidos de las manos.

—Le dije a usted que entrase, Julio, porque estábamos ahí hablando de negocios... Tuve que rechazar un lote de desnudos. Algo muy desagradable, porque venía a ofrecerlos la misma modelo. Ha estado muy bien; yo la he

---

62   *Calabrote*: Cabo grueso hecho de nueve cordones. *Relinga*: Cuerda que sostiene las redes en el agua o que refuerza los bordes de las velas a lo largo de las perchas.

vendido mucho. Cantaba con gracia; pero lo mismo la voz que todo lo demás se le va estropeando muy de prisa... La pobre necesita propaganda, pero yo no puedo hacérsela. Me he quedado una colección, por lástima. Vea usted qué vientre, qué pechos... Ya sé que de eso entiende usted mucho, ¡pícaro! Pero también eso puede serle útil, puede ser un negocio, como todo lo que se aprende bien.

—¿Hay algún empleo de catador de bellezas pintadas?

—¿Por qué no? Sal a despachar, Cecilia...

Su voz se iba matizando, de finas insinuaciones. Comenzaba a alargar desde muy lejos la manzana.

—Ahora que no está Cecilia, puedo hablarle claro, Julio. Trabaje usted, y venga por aquí. Mi marido lo sabe.

—Señora, yo no tengo porvenir.

—Búsquelo.

Julio salió de allí abrumado por la pesada broma de los dioses. Lacio, turbio, romo, comenzó aquella misma tarde a buscar por Barcelona un porvenir. Leyó en un balcón: *Carreras especiales,* y subió al piso. Le recibió un hombre barbudo, muy afable:

—¿Qué desea?

—Un porvenir.

—La Academia puede ofrecerle varios muy decorosos. Contable, perito agrónomo, policía, topógrafo...

—Topógrafo... Me da lo mismo.[63]

—De seis a ocho. Yo puedo facilitarle el texto. El mejor para prepararse. La mensualidad, treinta pesetas. Pago adelantado.

—No tengo dinero.

—Entonces...

---

63 El Julio Aznar protagonista del relato de Jarnés «Andrómeda» (publicado en 1926 e incluido en *Salón de Estío* justo delante de «Circe») tiene de hecho esa profesión.

—Admítame. Le pagaré en cuanto pueda.

El hombre barbudo —que recordaba a Joaquín Costa[64]— le miró sorprendido. Pero vio en él algo más que un importuno, y prosiguió:

—Pero ¿no tiene a nadie en el mundo?

—Acabo de nacer.

—¿Y sus padres?

—Murieron. No tengo a nadie. No tengo pasado.

—Pues, hijo mío, debe usted tenerlo. Hay que apoyarse en él para todo. Búsquelo, porque seguramente lo tiene. Quizá no se lo deja ver su vehemencia juvenil, que yo respeto, que —¿por qué no decirlo?— me complace.

—¿Para qué voy a apoyarme en nada? Me basta con un mes o dos de crédito. Yo buscaré el dinero...

—Entonces, te apoyas en mí, que también soy un pasado —replicó, sonriente, el profesor—. Repito que te es urgente buscar un pasado. La sociedad es implacable. Debes crearte un pasado. Un pasado... ilusorio si el auténtico te sonroja.

—No me sonroja. Me da tristeza, mucha tristeza.

—¿Qué hay en él?

—Una infancia miserable, una adolescencia consumida en una celda.

—¿De cárcel? Puedes decirlo. No me asusta.

—De seminario.

—¿Por qué dejaste aquella celda?

—Mi vida allí era falsa.

—Pero ¿sabes tú ya cuál es la verdadera?

—La que en cualquier momento me lo parezca.

—Entonces vivirás en un zigzag perpetuo, en una perpetua oscilación.

---

64   Político y economista aragonés (1846-1911), representante del regeneracionismo y que exhibe una poblada barba en sus retratos.

—Probablemente eso será lo que más me divierta.

—No será una vida fecunda para los demás hombres.

—¿No basta con que yo la aproveche?

—Será un juego.

—¿Quién conoce la diferencia entre el juego y lo demás?

—En todo caso, la vida sólo puede ser algo organizado.

—Tal vez la organice, aunque parezca que la destruyo.

—No obtendrás, al fin, su máximo rendimiento.

—Me contento con sucesivos rendimientos agradables.

—No tendrá un grave sentido total. Por resolverla para ti solo llegará a ser mezquina. Nunca tendrá un sentido social...

—Tendrá un sentido parcial, individual... ¿Quién me obliga a vivir para los otros?

—No será una vida recta, ejemplar.

—Que sea oblicua... Así suelen ser las de excepción.

—Yo, hijo mío, prefiero la torre...

—Yo, el alfil.

—Padecerás obstáculos insuperables.

—Entonces, el caballo.

Saltaban las frases –¿quién podría responder de su autenticidad?– como chicuelos traviesos. El profesor jadeaba persiguiendo a su alumno sin conseguir darle alcance. Al fin se detuvo a respirar. Al cabo de una pausa, dijo:

—Bien. Te espero desde mañana. Vamos a ser buenos amigos. Ya sabes... Braulio Martínez...

*

Julio se lanzó a buscar dinero. Leyó en un periódico: *Se necesitan buenos copistas,* y subió a casa de un notario. Al día siguiente comenzó a copiar un testamento.

¡Qué fácil era crearse un porvenir! Recorrería los campos, tomaría las medidas al paisaje. También copiar últimas voluntades era muy divertido: la gente se ponía muy cursi a la hora de la muerte, porque si crearse un porvenir es fácil, no lo es tanto liquidarlo. Era aquel testamento un curioso epílogo –en diez pliegos– de comedia doméstica. Un día, cierto mozuelo de quince años entró en una tienda de comestibles, buscando, como Julio, un porvenir. Le fue fácil elaborárselo. Bastaron cinco años de llevar sacos al hombro, doce de amar lánguidamente a la hija del principal y treinta y ocho de sonreír a las clientes en un zanja, detrás del mostrador. Aquel mozo era hoy un difunto, y en su testamento realizó todas las ideales piruetas que nunca se atrevió a realizar mientras se duró su vida. Toda su parte de locura la almacenó –maquiavélico– para la última jornada. Pero sus parientes protestaban de aquel póstumo cambio de carácter...

Y Julio, sin adelantar nada en la copia, se entregaba a sabrosas reflexiones ante aquel precipitado balance de un porvenir tan ordenadamente elaborado a fuerza de bíceps, de falsas sonrisas y de contenido amor. ¿Será preciso decir que fue cortésmente despedido de casa del notario, como despedirían a un albañil que se detuviese a demostrar sobre cada ladrillo la igualdad de los ángulos opuestos de un paralelogramo?

Pero Cecilia le tenía reservada una sorpresa. Una tarde le hizo entrar en el taller, y señalando un grupo de muchachas sentadas a lo largo de una gran mesa, le invitó:

—Ilumina postales. Mamá te nombra encargado del taller. Ganarás más que copiando pliegos.

—No soy pintor.

—Basta con un poco de paciencia y otro poco de buen gusto. Vas extendiendo los colores... Para entrenarte, aquí tienes esta colección de «estrellas». Vístelas a tu gusto.

Julio comenzó a extender una suave tinta albaricoque por los hombros de una «estrella». Construyó para los senos unas finas rodelas de plata. El pincelillo acariciaba con fruición todos los relieves. Pero una de las muchachas le apuntó:

—No dé usted tanto naranja.

—Déjalo, Rubí –replicó otra.

—¿Se llama usted Rubí?

—Bromas de ésa. Todo porque un quinto[65] me dijo una vez no sé qué de rubí partido en dos. La verdad es que me hizo mucha gracia... Pero me llamo Antonia.

—¿No recuerda a aquel quinto? Soy yo.

—No lo creo. ¿Fue en la Diagonal?

—Sí, sí. Soy aquél, más un bigote.

—¡Ah!

—Los dos acabábamos de nacer, pero yo tenía ya la estatura de hoy y el bigote era apenas una pelusilla. Mido la vida de ahora por la longitud de ese bigote... Me explicaré... Es como un nonio[66] aplicado a la regla mayor: para todos mide una fracción de edad, aunque para mí mide un número entero.

—No entiendo una palabra. No dé usted tanto violeta.

—Es que usted no viene a mi Academia. Deme aquel verde. Voy a inventar un crepúsculo.

—¿Verde? Basta con un poco de rosa. Los crepúsculos se pintan así... ¿De veras era usted?

Rubí le mostraba un modelo de crepúsculos. Como en

---

65   *Quinto*: Mozo desde que sortea hasta que se incorpora al servicio militar.
66   *Nonio*: Pieza auxiliar que superpuesta a una escala graduada permite aumentar la precisión de su medida en una cifra decimal.

el pelotón, le daban con el codo para que no le retoñase la personalidad. Pero él seguía pensando en su invento.

—Sí, era yo. Pero este bigote, que da luz a mi verdadera estatura, le da sombra a mi cara. Por eso duda usted. Deme carmín.

Era cierto. Julio, en los primeros días de su reciente infancia, liquidó rápidamente las existencias retóricas de su vida anterior. Repartió entre las jóvenes concurrentes al Ensanche algunas docenas de metáforas usadas y hubo dócil modistilla que soportó décimas enteras.

Ahora Julio, estimulado por Rubí, se entregó ardientemente a la faena de crear una alborada en el bosque, empresa fácil por la suma vaguedad del tema.

Al fin de la jornada, Cecilia se le acercó diciendo:

—Has ganado unos diez céntimos y has hecho el amor a mi mejor obrera. Tendré que despedirla.

—¿Yo?

—Sí; todo lo he visto desde la tienda.

Julio desistió de crear ocasos y matizar senos de artistas. De nuevo comenzó a buscar en las planas de anuncios la invitación: «Se necesita un joven». Subía escaleras, soportaba ordenanzas, hundía la cabeza en ventanillas... Pero siempre querían un joven con pasado. Pedían referencias... Y de sus excursiones volvía siempre muy alegre. Cada choque le endurecía un costado. De vuelta de cada yunque le brotaba un nuevo relieve. Una vez le dijo Arturo:

—¿Vas a pedir trabajo o a dar lecciones de indiscreción?

—Voy a sacarme pruebas de mí mismo y cada vez salen más fieles al original.

—Tu manía.

—No es manía, es un método.

—Como quieras. ¿Tienes permiso esta noche?

—Me apuntaré en la relación.

—Es que podíamos ir al Liceo. Oiremos de balde *Mefistófeles.*[67]

—¿Cómo?

—Haciendo piruetas en el escenario. Yo te diré.

Aquella noche, metido en una piel diabólica, blandiendo un feroz tridente –un gran tenedor–, Julio se entregó a los placeres epilépticos de una danza. Arturo, cerca de él, le iba adiestrando. Entre el telón de fondo y los activos personajes del drama se había trazado una línea de yeso que marcaba el límite de acción de las mesnadas infernales. Julio rezongaba a su demonio familiar:

—Exigen demasiado por un duro.

—La vida está llena de contradicciones, satánico novicio. Ten en cuenta que puede oír de balde el resto de la obra. Esto, naturalmente, sólo puede sufrirlo algún rabioso melómano... o algún infeliz como nosotros. No creas que estamos entre miserables... Ahí mismo tienes a un profesor del Instituto de Gijón y al fiscal de la Audiencia de Tarragona. Son dos amantes del divino ritmo... y los que mueven el tridente con más fervor... ¡Atención! Hay que imprimir más vehemencia a los cuernos... Mañana, si quieres, podremos ser «conjurados». Es muy fácil, mucho más fácil que mover el tenedor. Y si quieres ser ayudante del verdugo, ganarás cinco pesetas de plus. Te cedo la plaza.

*

---

67 Con ese nombre existe una ópera compuesta en 1868 por Arrigo Boito (1842-1918) basada en la obra de Goethe, cuya adaptación más famosa es no obstante el *Fausto* de Gounod.

Pocos días después, Julio –alborozado– anunció a la bien amada:

—Voy a tener dinero. Pronto pagaré a don Braulio.

—¿Quién es don Braulio?

—El que me confecciona el porvenir, el profesor de mi Academia.

—¿Qué vas a hacer?

—Copiar música para un cine: me lo ha procurado Arturo, mi niñera. Ya comencé, y me divierte mucho ese trabajo. Es un encanto enredarse en el pentagrama, seguir la cuerda floja por donde brincan las notas. Verás... Se empinan, se hunden por encima, por debajo de los manojos de acordes enfilados bajo la maroma. En la música vieja –me lo ha explicado bien Arturo– la melodía es siempre una bailarina que danza sobre espesos edredones. Me gusta ver a las frases jugar al escondite; perderse en el subsuelo de los bajos para volver a asomar allá arriba, en lo más alto, como chiquillos encerrados en un sótano que de pronto asoman, alborotando, por una chimenea. Y vuelven a bajar precipitadamente, amartelados en un dúo, riñendo en una fuga, para resbalar, al fin, y hundirse juntos en la honda sima de un calderón[68]. Y los trinos, piropos de la melodía, racimos de cascabeles colgados de la maroma. Y la fina endósmosis[69] de los retardos. Y esos recios subrayados que precipitan el desfile del tema: cada barra duplica la velocidad. Mira... Un grupo de corcheas aun marcha despacio porque sólo lo subrayan una vez; pero otro de semifusas cruza locamente porque lo subrayan cuatro. Todo lo contrario que en la frase, donde el subrayado pide siempre lentitud...

—Pero si también eso te entusiasma, ¿cómo y dónde vas a ganar dinero?

---

68   *Calderón*: Suspensión del movimiento de un compás.

69   *Endósmosis*: Difusión de fuera adentro, que se establece al mismo tiempo que su contraria la exósmosis, cuando dos líquidos de distinta densidad están separados por una membrana semipermeable.

Julio no contestó. ¿Para qué revelar entonces su segundo amor: el amor a las cosas, tan generoso, tan lejos de toda intención de reciprocidad?

Era el amor que le consolaba de su fracasado conocimiento de los hombres. Cada día es posible hallar en las cosas un estrato nuevo donde robustecer aquella generosidad, mientras el hombre, en lugar de ofrecer un nuevo panorama, nos hace tropezar con un ceñudo centinela. Una tarde, en su primera infancia, fue Julio invitado por otro niño a mirar por un tragaluz. En un sótano colgaban y se apilaban, según el camarada, racimos de moscatel, granadas abiertas, roscaderos[70] de manzanas: gran fiesta para los ojos y para el olfato. Corrieron los dos rapaces al tragaluz, pero al pretender asomarse cayeron asustados: desde el interior miraba hacia la calle un rostro humano, partido en dos por un barrote... Ya no era aquello una gozosa perspectiva, sino un fosco, un enconado, un hostil punto de vista.

---

70   *Roscadero*: Cesto grande de mimbre.

Aquella tarde un soldado de la guardia entró en el dormitorio de la compañía preguntando por Julio.

—Ahí te buscan. ¡Es una chica estupenda!

Guillermina. Venía transfigurada. Desnudos los brazos, rabiosamente pintados los labios, las uñas, los ojos.

—¡Qué sorpresa!

—Como usted nunca tuvo la atención de venir a verme...

—Perdóneme, Guillermina.

No le soltaba las manos, donde afluían oleadas ardientes. Todo su cuerpo temblaba; algo dentro de ella pugnaba por brotar, rompiendo todo dique. Un deseo náufrago movía sus puños bajo el sordo oleaje. Julio, asustado, preguntó:

—¿Qué le sucede?

Con voz ronca, patética, respondió Guillermina, casi al oído de Julio:

—Me han despedido.

—¿Cómo fue?

—¡Es que yo no sabía escribir a máquina! ¡Nada!

—¿Y aquel gerente tan amigo de usted?

—¡Un canalla!... Quiere tener mujeres de balde... Yo lo adiviné en seguida. No soy tan tonta, ¿sabes? Déjame que te tutee... Al fin, somos paisanos.

—Como quieras.

—Me dijeron que tú tienes aquí buenas relaciones; que te tratas con una familia muy rica, donde te quieren mucho... Mira, yo haré lo que sea con tal de no volver a Augusta. Se me reirían todos, ya ves, al verme volver fracasada, después de tantos proyectos... ¿No ves que me he puesto en ridículo?

—¡Bah! ¿No tienes aquí a nadie?

—Unos tíos. Ella va a una fábrica; él está enfermo. Son muy pobres. Tienen un hijo camarero, pero no les ayuda... No puedo abusar mucho tiempo.

—Yo veré, pero dudo que pueda servirte... Vuelve por aquí. O llámame.

Se despidieron tristemente. Julio volvió al dormitorio con un peso más en su equipo espiritual: el destino de Guillermina que, aunque efímeramente, le abrumaba. Aunque desconocía casi toda la verdad sobre la fracasada viajera. Guillermina, en una noche de desesperación, había puesto precio a su doncellez, un precio excesivo que –en la casa cómplice donde se puso en venta– nadie quiso pagar. Había traído de Augusta aquel tesoro, como un capital utilizable a última hora, si no lograba cederlo legalmente, bajo contrato... Salió defraudada y comenzó a ir y venir por la ciudad sin rumbo fijo, tan pronto decidida a entregarse al primer postor como a llamar a las puertas de una fábrica. ¡Ella en una fábrica! ¡Ella que venía a triunfar con sólo la presencia de su rozagante juventud!

Pero le aguardaba un último guiño cruel de la suerte... Noches después –había leído el anuncio de «Se admiten coristas de ambos sexos»– se presentó en la antesala de un empresario. Guillermina conocía el solfeo; en su adolescencia había aprendido a cantar; confiaba también en que la armonía de su busto decidiría al empresario... Fue una prueba terrible. Al desnudarse, en el despacho de un hombre de hielo que fumaba un enorme puro, vio aterrorizada que los ojos del examinador se le clavaban en las piernas, ¡en las piernas, único sector de Guillermina donde las gracias escultoras habían trabajado torpemente!

—Mire –sonó la voz terrible–, precisamente las

piernas es la especialidad de mi teatro. El público viene por ellas..., ¿sabe? Todo lo demás me gusta, me gusta mucho, ¡pero tendría que emplearla a usted sólo en obras de miriñaque![71]... O de aldeana... Usted comprenda: ¡las tiene tan delgadas!

Guillermina hizo un heroico esfuerzo, se jugó el todo por el todo y, como atolondrada, se dejó caer el resto del traje que cubría su desdeñada escultura. Surgieron, llenas de rubor, las últimas fascinaciones, y el hombre del enorme puro continuó rezongando:

—En fin... Ya veré, ya veré.

«¿Quién me había de decir –pensaba Guillermina– que mi carrera terminaría por... hacerla?»

Como Julio, había llegado al umbral de una nueva vida... ¡A renacer! Allí estaba, en traje de feto, completamente desnuda.

---

71 *Miriñaque*: Falda interior de tela rígida.

II.
Evasión y nuevo rumbo

Julio volvió a escribir: *Viuda e hijos de Tomás González... a Caja.*

—¿Cuánto?– preguntó a don Braulio.

—Ocho mil quinientas pesetas. Te lo he dicho dos veces. ¿Por qué no miras el *Diario*? Todo sale del *Diario*.

—Falta sentar lo de seis días...

—Así no podemos entendernos. Lee esto dos veces.

Y le alargó un papel escrito a máquina. Julio, aburridamente, leyó:

«No sé qué espíritu será más abierto, tendrá que ser más abierto que el de un verdadero comerciante. ¡Qué rápido golpe de vista proporciona el orden con que llevamos nuestros negocios! Hace que en toda ocasión percibamos el conjunto sin que por necesidad nos veamos confundidos por el detalle. ¿Qué beneficios no procura la teneduría de libros por partida doble de los comerciantes? Es una de las más bellas invenciones del espíritu humano y todo buen cabeza de familia debía introducirla en la administración de su hogar...»

Don Braulio, sonriendo maliciosamente, interrumpió a Julio:

—Basta. Que nunca se te olvide esta lección.

—No hago caso de filosofías mercantiles.

—No es mercantil, es poética. De Goethe, en sus *Años de aprendizaje.*[72]

---

[72] Efectivamente, el fragmento pertenece al Libro Primero, capítulo X, en la traducción de Ramón Mª Tenreiro (Madrid, Espasa-Calpe, 1931).

—Pues parecía de un tendero.

El profesor dejó caer la pluma, se pasó la mano por la frente, abrumado.

—¿Por qué no te aplicas más?

—No puedo, don Braulio, no puedo.

—Piensa en tu porvenir. Con el pequeño esfuerzo de unos meses podrás, al salir del cuartel, hallar un puesto en el mundo.

—¿En el mundo de los tenderos?

—¿Por qué no? Son los dueños de su mundo y del de todos... Hasta que alguien los arroje...

Acabó su frase veladamente, como si de pronto transportase la charla a un idioma distinto en el que tuviera algún temor a irrumpir. Sus ojos perdieron toda su bonachona malicia y se clavaron, sombríos, en el suelo. Julio se atrevió a preguntar:

—¿Quién ha de arrojarlos?

Don Braulio acabó de transfigurarse, de transportar sus palabras a un tono más profundo, al *tempo* solemne que desconcertaba a Julio.

—Eres muy joven y hasta hoy no has pensado sino en ti mismo, si es que en ti has pensado alguna vez, que no lo creo. Pero hay algo fuera de nosotros que reclama también nuestras vigilias, nuestra sangre, si es preciso... ¡El pueblo oprimido! ¿Dije *fuera*? No. Porque el pueblo somos todos nosotros. Eres tú, lo soy yo. El pueblo... Abre el *Diario*. Va a entrar una alumna; oigo su voz en el pasillo. Le decía que el asiento del *Mayor* se corresponde... Buenos días, Matilde... Sí, ahí junto al balcón.

Era sorprendente su duplicidad de timbres. Como en un dúo de tenor y bajo, mezclaba en la charla los dos matices: tenor para la partida doble, bajo para el problema social.

La consideración de aquella voz bipartita le alejó un minuto del *Mayor*. A ella siguió la contemplación de Matilde que, situada entre Julio y el balcón, ofrecía sus perfiles más salientes a una suave contraluz. Don Braulio, inclinado sobre su alumna, construía un cuadro inglés, uno de esos cuadros ejemplares que compiten en emotividad doméstica con cualquier versículo del libro de los Proverbios[73]. Matilde, alta, flacucha, desnutrida, formada para curvarse sobre una *Remington* o sobre una cuna, alternativamente, era también allí para don Braulio una representación de la humanidad oprimida; pero este hombre de la doble voz no podía arriesgar sus ingresos con insinuaciones doctrinarias a una mujer acaso decidida plenamente a ser juguete de patronos. Acerca de la mujer tenía dos o tres ideas: una de ellas podía formularse así:

«Ha nacido para ser esclava.»

Por eso con Matilde empleaba siempre su voz mercantil, la de tenor completamente restañada de zumos apostólicos. Cuando volvió al lado de Julio, inició una encantadora romanza extraída del *Manifiesto comunista* y del *Manual del contable*. Las notas altas correspondían a Matilde; las bajas, más lentas, más pesadas, en sordina, se quedaban rezongando entre los dos.

—Porque la burguesía ha robado su prestigio a las profesiones más decorosas, de más noble abolengo. Del poeta, del sabio, del jurista, del mismo sacerdote, hizo unos viles jornaleros, seres abyectos que venden el espíritu por un despreciable salario... Porque, fíjese bien: si tanto los capitalistas como los tiempos son diferentes, si forman los productos de cada capital por su tiempo respectivo y se divide la ganancia o pérdida total en partes proporcionales a estos productos... El régimen capitalista ha convertido

---

73   *Libro de los Proverbios*: Uno de los libros sapienciales de la Biblia, compuesto de sentencias y máximas que encierran una enseñanza.

la dignidad personal en un simple valor de cambio; ha sustituido muchas libertades dolorosamente conquistadas por la única e implacable unidad de comercio... la ganancia o pérdida de cada socio es bien fácil hallarla. Es la parte correspondiente al producto de su capital y tiempo... No se hizo más que cambiar de cadena, inventar nuevos modos de opresión...

Cuando don Braulio hablaba de cadenas, de libertades, su voz parecía brotar de una mazmorra. Julio se sentía entonces deprimido, respiraba difícilmente bajo el peso de argollas invisibles, ideales, forjadas con tal minuciosidad pro varias generaciones de sociólogos. Prefería el tedio de un polinomio a la pesadumbre de un fragmento de *El capital*. Cuando don Braulio se dio cuenta, añadió a su voz un grado de solemnidad, y le dijo:

—Los jóvenes sois así. No queréis daros cuenta de vuestra responsabilidad ante la Historia. ¿Qué has hecho tú por redimirte? ¿Qué has hecho tú por redimir a tus hermanos de esclavitud? Te has limitado a dejar una celda de donde ibas a salir atado de pies y manos para la vida total; dejaste de ser clérigo para lanzarte a consumir tu juventud inútilmente o para abdicar de ella ante un patrono...

—Quizá me case con Cecilia.

—¡Infeliz! Para algún día ser también patrono has de pasar por todos los estados intermedios de la esclavitud. Conozco *La Eterna Paz,* conozco el taller de esa Circe embaucadora.

—Son buenas gentes.

—Te exprimirán como una naranja...

Julio miró al reloj como azorado.

—Es la hora de la instrucción. Tengo que correr. Volveré el...

—¡Lunes, miércoles y viernes! No lo olvides. La semana anterior cambiaste las fechas. Eres incorregible. Toma estos manifiestos. Con toda precaución los vas dejando caer... Procura que no se pierda ninguno. Sé útil a la Humanidad, hijo mío. Desde luego, confío mucho en ti...

Julio salió precipitadamente, con una sed rabiosa de aire libre, de sol, de gritos de muchachas. Había comenzado abril, y en la Gran Vía Diagonal se iban ya juntando los vendedores ambulantes que, en los descansos del pelotón, vaciaban poco a poco los bolsillos de los reclutas. También acudían ya las seis muchachas más puntuales, precedidas de seis aros y seis niños.

El ejercicio comenzaba a las dos. Un grupo de obreros regresaba a la fábrica a reanudar sus faenas, y Julio, en cuyos bolsillos ardía la vehemencia retórica de don Braulio, se detuvo un momento a contemplarlos. Vería en ellos la amargura de sus vidas pobres, el famoso *rictus* de que nunca dejaban de hacer mención las novelas por entregas.[74]

Allí estaban los esclavos, los parias que Julio debía redimir. Pero el sol, la dulzura de la tarde, desvanecían seguramente las nubes de tristeza que gravitaban sobre las frentes, porque Julio no vio en ellas ninguna arruga, ningún doloroso frunce... ¿Serían obreros escépticos, que no creían en su propio problema, u obreros sometidos a algún patrono ideal que eliminaba de su dominación toda negrura? La verdad era que todos cruzaban alegremente la avenida, dejando tras sí una estela de risas y piropos.

«El problema social, en una tarde como ésta, tan llena de sol y de mujeres, se me queda en segundo término...

---

74 Es habitual en Jarnés ironizar sobre los folletines, novelas rosas y en general la literatura de kiosco. Aquí se burla de sus personajes y escenarios estereotipados.

Pero yo debo pensar en él. Es mi mismo problema. Estoy solo en el mundo, frente al capitalismo... La verdad es que no conocía a mi enemigo... Y don Braulio tiene razón. *La Eterna Paz* promete ser mi verdadera tumba. En cuanto a Cecilia...»

Saludó gallardamente al oficial de guardia. Menos gallardamente al sargento; con un gran descuido a los cabos. El saludo recorría una escala perfectamente graduada, como las mangas de cada saludado. Del coronel al cabo recorría la subordinación una trayectoria interna y externa, claramente definida, aplicada instintivamente, con la agudeza que da el máximo recelo.

Entró en la compañía y a los cinco minutos estaba dispuesto para la formación. Poco después continuaba evolucionando en los solares que la ciudad tenía aún la gentileza de ofrecer al pelotón. Julio conocía de sobra todas las evoluciones; había logrado declinar en sus propios miembros toda responsabilidad; ellos solos obedecían y realizaban prodigiosamente cualquier maniobra. Oían los pies y los brazos, se movían unos y otros con un estricto sentido de la táctica. El pensamiento —quizá entonces sólo se trataba de la fantasía— se divorciaba en absoluto, y con plenos poderes, de todo enlace con elementos de locomoción. Era el gimnasta cuyo cerebro hubiese podido quedar entre el aro de espectadores, liberado entre la pista, entregado a otro ejercicio menos cronométrico.

Cecilia no acudió, como otras tardes, a sembrar el desconcierto en las filas. En cambio, llegó una muchacha raquítica por la que el sol resbalaba sin dejar huella ninguna, sin prendérsele a los ojos, a la boca, a su piel... El sol gasta bromas así: repudia a una mujer, le niega sus caricias, le sumerge en brumas de olvido perpetuo; y la mujer, lentamente, se va transformando en un haz de sarmientos, en un limón exprimido.

«La vida está forjada siempre sobre alguna o muchas desigualdades. Todos somos desiguales, aun ante las mismas fuerzas inconscientes... ¿Por qué hablará don Braulio de igualdad entre los hombres si no la establecen ni los mismos principios naturales?»

Ahora describía una curva perfecta alrededor del eje —y el eje era un recluta diminuto, el último de la fila, que había obtenido la talla escasa—. Cuando cerró nuevamente la línea, siguió pensando:

«Es como la historia... No existiría sin la desigualdad natural o sobrevenida a los hombres. La historia... ¡Bah! Una aburrida cadena de desquites.»

Aunque Julio conocía de la historia lo más superficial: vidas externas de reyes y pontífices.

En el descanso, lejos de sus camaradas que se agrupaban alrededor de los vendedores ambulantes y las niñeras, leyó Julio una de las hojas de propaganda. Estaba redactada para los cuarteles. Era un explosivo anarquizante.

«¿Qué hago yo con esto? —se preguntó—. No debo ser infiel a don Braulio. Las dejaré debajo de las camas. Después de todo, no creo que hagan ningún daño, y ¡siempre que no me vean! No voy a mentirle el viernes diciéndole que las he repartido... No quiero mentir... ni darle un disgusto: es el más bueno de los dómines, yo lo sé... Yo que he soportado tantos imbéciles que creían ganarse el cielo y ganarlo también para nosotros... Al fin, don Braulio es más modesto. Sólo tiene la vaga esperanza de conquistar la tierra para repartirla entre todos. ¡Qué difícil va a serle el hallar un cociente exacto!»

*

Leyeron la orden. Al día siguiente habían de tener lugar unos ejercicios de tiro. No podría ver a Cecilia, puesto que el batallón regresaría muy tarde del campo de maniobras. El ordenanza del capitán le entregó un paquete y una carta. En el paquete, un libro de actas. La carta era del dueño de *La Eterna Paz,* y decía: «Puede usted ganarse cincuenta o sesenta pesetas redactando una Memoria –la Memoria anual– de las operaciones que van consignadas en ese libro y notas supletorias también adjuntas. Se trata, como ahí ve, de *La Amistad,* agrupación de comerciantes de ultramarinos, cuyo secretario apenas sabe escribir. La quieren para dentro de seis días. Puede usted redactarla en tres noches. Ahí van las de años anteriores, para que calcule dimensiones...» Concluía: «Cecilia tuvo hoy que guardar cama. Su madre está con cuidado, pero creo que no se trata de cosa grave. No venga hasta que yo le avise, y aproveche bien el tiempo.»

Aquella misma noche empezó Julio a escribir la Memoria. De ese modo pudo alejar de sí, por unas horas, la pertinaz imagen de Cecilia. Resumió operaciones, alineó cifras, aclaró conceptos. Algo rudo, conciso, trivial. Precios, concesiones, exclusivas... Retórica patronal. Idioma del tanto por ciento.

A los dos días regresaba el batallón de sus ejercicios de tiro. Cruzaban la calle aburridamente, como noveles cazadores que acaban de disparar su último cartucho, sin traer nada en la mochila. Al entrar en la calle de Balmes, Julio se dispuso a realizar el cruce de sonrisas establecido, única efusión galante que toleraba el *Reglamento táctico para tropas de infantería.* Porque los segundos que duraba el tránsito ante el mitológico escaparate era preciso medirlos con igual ritmo apresurado que si entre los cristales yaciese la momia venerable de Wilfredo el Velloso[75]. No se admitían, en ningún sentido, *ritardandos* emocionales.

Pero no se realizó tal cruce. Nadie en el escaparate. Julio no pudo saludar a Cecilia al compás del dos por cuatro. Y en el cuartel recibió esta noticia:

—Tu novia está peor. Tiene una fiebre muy alta.

Le asustó la sola sospecha de perder la encantadora. La vida de Julio, ¿no quedaría en una encrucijada si los dioses borraban de la tierra a aquella mujer que tan sabiamente conocía todos los caminos de la beata ordenación? El porvenir de Julio lo elaboraban entre Cecilia y don Braulio –entre el amor y el deber–, y al desaparecer Cecilia se rompería, lamentablemente, el equilibrio... Porque ese implacable porvenir que, hora tras hora, se iba engullendo la lozana juventud de Julio, perdida la domadora, huiría al bosque, dejando libre a su víctima. Y Julio recobraría la deliciosa perplejidad del hombre que recibe cada día como sabroso fruto que mondar, que exprimir, no como grave escalón que saltar hacia pisos desconocidos. ¿Podría repartir sus días entre obscuros deseos, pintorescos mendigos, harto tiempo asustados por la varita inflexible de la dulce domadora? ¿O acogerlos a todos, solazarse con ellos, vagar con ellos por la ciudad, buscar al más humilde, al más tímido, para tenderle los brazos y partir con él el sabroso pan del tiempo, ya eliminado el veneno sutil de la hechicera?

«¡Qué tierno epílogo –pensaba– el de estas horas patéticas, consumidas en un taller de confeccionar futuros!»

---

75 *Wilfredo el Velloso*: (840-897), noble catalán, conde de Urgel, Barcelona y Girona, artífice de la independencia de los condados catalanes respecto al territorio franco.

Época dramática, ya a punto de ser borrada de la cuenta de una vida. Ahora, sentado en medio del tiempo, en lugar de correr tras él, podría Julio ir pensando, volteando, acariciando, dilapidando los minutos, regalándolos a cualquiera voluptuosidad pasajera que le tendiese la mano... Apenas le era ya doloroso recordar que ese libre goce de las verdaderas riquezas del mundo hubiera de conseguirlo a costa del sacrificio de Cecilia. Apenas había transcurrido un minuto desde su muerte, y ya el minuto de la triste noticia iba perdiendo su acritud... El amor a Cecilia avanzaba, cabizbajo, hacia las cañadas de la melancolía, humo azul flotante sobre escombros. Y sobre la lápida aun fresca se iban amontonando las horas, se iba creando lentamente el delicioso mausoleo de la nostalgia... ¡Delicioso! Le asustó la cruel palabra. Tan llena ya de voluptuosidad la lejanía, hecho puro deleite el recuerdo, fina araña, manantial inagotable de impalpables hilos placenteros; cables sutiles, tendidos entre la hora actual y la hora desconocida.

*

Entre las fuerzas que componen el nuevo destacamento de Montjuich van mezclados muchos reclutas. Los veteranos escasean; cada día se abren en ellos brechas enormes. El Rif pide a diario contingentes de refresco. Pronto habrá que apelar a los recién llegados, que apenas saben manejar el fusil.

Julio llegó al castillo cerca del mediodía, y ahora, al anochecer, está izado en la cima del monte, como un imperativo categórico. Es una consigna en la punta de un cuchillo: un centinela. A sus pies, la ciudad asesta fieras lanzadas a la noche, que se bate en retirada, que se va acurrucando en los suburbios. Las sombras emprenden la fuga dejando abiertas las entrañas palpitantes de la ciudad, como después de una implacable autopsia.

Brotan de aquí y de allá regueros encendidos, del vientre, de los hombros, de los brazos, hundidos en el mar, por entre los que van y vienen gasolineras. Fueron al principio leves alfilerazos, rasguños poco perceptibles; crecieron pronto, hasta cruzarse en cientos de canalillos de oro, que a trechos se rompen, bruscamente, por la invasión de las grandes arterias municipales desbordadas.

Julio —vaga sombra inmóvil— asiste desde su atalaya a las luchas primitivas de las luz y las tinieblas. Hoy la luz blande un arma peregrina, hecha de rayos prisioneros a lo largo de un cordón. Rosas blancas, rojas, amarillas, brotan de los hilos finísimos de que está urdida la túnica nerviosa de la ciudad. Las tinieblas, ya sin fosos donde esconderse, salen huyendo, despavoridas, por el campo; se arrojan al mar, donde son acosadas otras guerrillas de flechas blancas, rojas, azules, que se disparan desde los enormes transatlánticos, desde las negras panzas de los acorazados. Brotan de los mástiles racimos de proyectiles luminosos; mil ojos soñolientos se entreabren a lo largo del puerto. El agua se ennegrece más, al empaparse de sombras, que en su último estertor azotan a las menudas lanchas perdidas, como pilluelos, entre grandes monstruos.

La noche es un descomunal fantasma de millares de pupilas enfiladas hacia Julio. Haces de nervios, manojos de caminos innumerables, que invitan a Julio a sumergirse en ellos, a buscar en cada uno la ruta de un deleite, la estela de un placer, el pulso robusto, el poro abierto por donde ir midiendo la magnífica vibración del coloso. Que se estremece todo a los pies de Julio. Acaba de recapitular sus energías, y se lanza a derrochar su sobrante al calor de unos brazos que se le enroscan al cuello, ante unas copas, donde hierva un poco de locura.

Un puñado de sombras, despavoridas, fatigadas de recorrer las calles y el mar, trepan en dirección a Julio, se acurrucan unas bajo los pinos, irrumpen otras en la breve explanada, donde se alza la garita y, junto a ella, como su proyección, el centinela. Todo el monte es un formidable centinela del cual es Julio como una cimera inmóvil, algo que late bajo unos metros de tela toscamente repartida a lo largo de una máquina hecha de carne, de correas, de hierros, de chapas de bronce; un mecanismo que piensa –por azar– que se asoma en lo alto por unos ojos hundidos bajo la visera; una inquietud remansada en unos miembros, en un pulso frenado, que mueve un máuser. Se yergue allí, opaco, hundido en la bruma, dominador silente de toda la ciudad, que ahora celebra, jubilosa, su victoria sobre las tinieblas en fuga.

Por las vibrantes rías de luz avanzan grupos retozones de mujeres, que van vertiendo en el torrente fábricas, talleres, mostradores, oficinas. Un remolino de coches suscita en todos los grandes focos municipales una marea de gritos, de risas, que, ondulando a lo largo de las avenidas, se rompe en las laderas, se hunde en el mar... Y aquí, arriba, un hombre oscuro, borroso, olvidado del mundo durante dos horas, convertido en máquina de avizorar, va conteniendo el empuje de las sombras despavoridas, que siguen escalando la cumbre. Julio las va examinando una a una por si esconden entre sus pliegues húmedos del aliento del mar algún contrabando humano. El centinela es el fiel aduanero que perfora el vientre de la noche para extraer de allí algún fruto incubado en las grandes orgías rebeldes. Persigue todo quebranto de las normas, por las que el gran río luminoso de allá abajo puede sufrir un brusco recodo. El buen centinela sólo deja pasar elementos invertebrados, difusos, dóciles –nieve, lluvia, viento, sol, luz de luna–, y prepara la sierpe desnuda de su bayoneta para hundirla en toda estructura viva que pretende ampararse en los viejos elementos para escalar la cima. Julio sólo es una consigna izada en la punta de un cuchillo.

Pero nadie se acerca a preguntársela. El cuchillo desnudo sigue desafiando a las sombras. Ni nadie pretende derribarlo... Sólo en unas mesas, bajo unas pantallas verdes, algunos hombres ceñudos planean asaltos ideales al castillo. Porque la ciudad acrece el ímpetu de sus máquinas de producir y de propagar el pensamiento. Se han cerrado los talleres; se abren las redacciones. Sobre las largas mesas se van alineando las horas del día –raquíticas, unas; lozanas, otras–, prendiendo su vibración, su pintoresco o doloroso o risible matiz, en el tropel incansable de cuartillas que peregrinan hacia los hombres azules, hacia unas máquinas donde el día se exprime, se prensa, se adelgaza, para poder filtrarse, horas más tarde, por las rendijas de las puertas, por los buzones; para poder ser distribuido, desmenuzado, por toda la tierra.

Un día espera, a la mañana, para engullirse al anterior, hecho delgadas láminas de papel; para acariciarlo entre los tentáculos de sus horas jóvenes, para arrojarlo, en fin, ya sin zumo, a las alcantarillas del tiempo.

Porque esto es el periódico: un día embalsamado. O, tal vez, un día resucitado. Todo depende de esos hombres que lo manipulan y aderezan para brindarlo a la voracidad de los días venideros. El doctor en artes de embalsamar cadáveres va dividiendo la jornada –al parecer tan uniforme,

isoterma– en zonas de muy diversa temperatura y densidad. Hay zanjas superfluas que brincar, grumos bu-
llentes que subrayar... A este organismo, limitado por dos
noches, es preciso inyectarle rebeldes esencias metales para
preservarlo de la total disgregación. Es preciso pulir la estructura del día para lanzarlo a la voracidad del siguiente.
Sacudirlo con gracia para destacar sus duros perfiles. Pren-
sarlo con esmero para hacer de él esas delgadas láminas
de papel que han de filtrarse por las rendijas de la mañana
próxima. Porque el nuevo día, mientras se despereza,
mientras ensaya su primer ademán, todavía en la cuna,
gusta de zarandear al día inerte, de manosearlo y curio-
searlo para extraer de aquella momia la quintaesencia de
sus horas felices. Y es un triunfo de estos manipuladores
ver cómo el día ido resucita jovialmente, salta –flexible,
impetuoso– sobre la misma cuna del día recién nacido. Un
día prensado, estrujado, que recobra su peregrina elasti-
cidad, que rompe sus fajas y sus vendas, y, erguido en su
féretro de papel, toma posesión del día nuevo, le impone
sus caprichos, le sorbe, durante unas horas, lo más fértil del
hombre: la atención. Ficción de vida, conseguida por há-
biles inyecciones de un grupo de espíritus. El tropel de
horas jóvenes concluye por arrollar el día galvanizado. La
momia vuelve a encerrarse en su estuche, feliz de haber logrado este maravilloso suplemento de vida, que le asegura
una página en las futuras antologías de instantes con singular perfil.

Espléndida invasión de la noche por tropeles de luz.
Julio contempla, durante la primera hora de su vigilia, la
maravillosa reconstrucción de la ciudad. Reconstrucción
geométrica y vital. Cada línea es señalada por puntos de
fuego y de sombra; cada nervio, por hileras de gritos y de

pausas, alternativamente. Va colocando en las zonas de sombras y silencio las rosas invisibles, recatadas, del amor, del amor ahora repartido por toda la ciudad como una red de eléctricos espasmos. Sigue el dibujo de las prolongadas diagonales, los arcos de círculo de las plazuelas, las graciosas elipses de las grandes encrucijadas, las enormes circunferencias y rectángulos de las anchas plazas. Lo nuevo y lo viejo de la ciudad reproducen sus geométricos perfiles: las estatuas de piedra y las encantadoras muñecas de carne. La enmarañada tracería barroca de la vieja ciudad está inscrita en el plano enjuto, en la cuadrícula simple de la ciudad nueva, hecha de simétricas celdillas. Como un gran borrón de asteroides, caído de las manos de algún díscolo diablejo en la plana perfecta de un diosecillo matrícula de honor, así el tumulto radiante de la vieja ciudad rebulle dentro del enrejado moderno, que alarga sus puntos de luz hasta los pueblos circunvecinos. ¿Será posible fijar el punto exacto donde Cecilia –treinta y nueve grados de fiebre, una afección pulmonar, tedio prolongado de dos amores separados por un espeso tabique de prejuicios– quizá delire entre los brazos de su madre? Contando los asteroides que perfilan la calle A, a partir de su cruce con la calle B, hasta llegar al número nueve, se señala exactamente la zona urbana donde Cecilia sufre y, tal vez, muere. El noveno asteroide polariza unos momentos toda la estructura radiante. Julio fija allí los ojos, y piensa en Cecilia como en el remoto habitante de una estrella que le envía mensajes desde hace dos mil años. El hilo de fuego que le sujeta a aquel astro –noveno punto de una hilera perdida entre la maraña vegetal del Tibidabo– es cada vez más delgado; acabará por romperse, por flotar en el aire, por enrollarse –ya inútil– en la pupila.

¿Son dos mil años? Son apenas tres días los transcurridos desde la última cita. Son apenas diez horas desde el
último aviso telefónico recibido de Rubí, la dócil confidente:

—Sigue peor, mucho peor.

Tardarán a relevar el destacamento. Hasta dentro de
unos tres días no podrá Julio solicitar permiso para acudir
a la calle de Balmes. Quizá llegue a la hora de verla salir,
pálida, inerte, entre azucenas, en su estuche de raso blanco,
hacia la región oscura.

¡Tres días! Julio no se siente capaz de saltar esa zanja,
abierta ante su deseo, que ha de rellenar de angustiosas hi-
pótesis, de crueles dudas, de afanes inexorablemente frustrados. Prefiere quedarse en la orilla, acariciando un
hecho. ¿Habrá muerto?

¡Sí, Cecilia ya ha muerto, porque debió morir! Julio
arranca su deseo de aquel enrejado luminoso, de aquel
noveno puntito de la hilera, y lo sitúa arriba, en la otra
maraña, en la helada proyección de la tierra sobre el cielo.
Cecilia da ese salto mortal desde su carne al Universo. Se
instala entre dos viejas estrellas —acaso moribundas, quizá
muertas hace mil años—; se va meciendo, sumiendo entre
negros, entre grises edredones. Cecilia cambia de estrella.
Ya hace guiños desde el borde de una nube; entre ella y
Julio tiende cadenas de meses, de siglos.

—Mucho peor. Está mucho peor.

Esto ¿sucedió hace diez horas o... hace diez años? Ya
Julio no preguntará a Rubí. El tiempo se ha multiplicado.
Diez horas, diez meses, diez años, diez siglos... Si pre-
guntase de nuevo, Rubí contestaría:

—Cecilia murió en la Edad Media.

Porque ya penetró en la eternidad, y allí cada momento se multiplica, caprichosamente, por cualquier unidad seguida de infinito número de ceros... Julio ha quedado otra vez solo —en otra noche cualquiera–, al margen de todo propósito, dueño absoluto de sus propios destinos, centinela de su propia vida, que puede aislar a su antojo. ¿Permitirá que nadie penetre solapadamente en ella? ¿Que nadie la moldee y la someta? ¿Aprenderá los confines de su propia intimidad?

¡Solo! Mudo vigilante de sí mismo. Cortadas las comunicaciones con el pasado, sin una argolla de recuerdo, sin un imán de futuro, libre para elegir su presente. ¿Su presente?

La tentación le acecha como a todo hombre soberbio que quiere anclarse en el páramo de su propia soledad. Y la tentación es angustiosa, insoportable... Alguien, una voz, una mano, un dedo, un susurro, no sé qué, le señala el torrente de luces, de guiños, de ecos de la ciudad, del mundo a sus pies. Alguien le desliza al oído:

—Mira. Ahí abajo está la tierra. Nada en ella es tuyo. ¿Nunca intentarás apoderarte del mundo?... Y, si no has de gozar de él, ¿por qué no lo destruyes?

Azorado, lleno de congoja, busca precipitadamente una frase para lanzarla al tentador. No la encuentra. Las frases no acuden a tiempo. Los cronistas suelen inventarlas, mejorarlas después. Julio permanece en silencio. El tentador insiste. Su martillo es abrumador:

—Si nada de esto que rebulle a tus pies va a ser tuyo, ¿por qué no lo destruyes?

¡No! ¡Destruirlo, no! Transformarlo. *Transformarlo...* He aquí la palabra. ¿Por qué atentar contra una vida? ¿No basta con transformarla? Pero el tentador, agazapado en la garita, rompe a reír sordamente.

—¡Transformarlo! Palabra de cobardes. No te será posible transformar nada. Se oponen todas las inercias; se opone toda la historia, que no quiere bruscas rupturas... Además, mientras se transforma, tu vida, Julio, tu única vida, fracasa... ¡Tu mundo acaba!

Un vientecillo helado le recorre de los pies a la cabeza. ¿Por qué tardará tanto el relevo? El tentador es pertinaz, incansable.

Apuntan dos sombras: las del oficial y de un ordenanza, que cruzan sin detenerse en Julio. Y, todas las demás, arrellanadas cómodamente en los fosos, en los rincones del castillo, tendidas perezosamente en las laderas. Julio hace un esfuerzo, sacude gallardamente su cabeza empenachada de neblinas, abre los ojos, sediento de estrellas, de pensamientos claros... El aire se aquieta; la ráfaga helada muere entre la hierba.

—Sí, todo esto es mío. Lo conquistaré poco a poco.

El tentador no acecha. Dejó allí su tenaz pregunta como un germen...

—Si nada de eso es tuyo, ¿por qué no lo destruyes?

Julio contempla serenamente la ciudad, cortesana rendida a sus pies. ¿Cómo podría destruir nada de ella sin la dinamita del odio? Aunque ayudase a montar la máquina espiritual por quien habría de derrumbarse, ¿cómo ponerla en marcha sin combustible alguno? Sin un odio, ¿cómo utilizar la máquina?

—La conquistaré poco a poco.

Julio contempla amorosamente la ciudad, que multiplica sus cálidos ademanes. Los puntos de luz son otros tantos poros por donde rezuma la vida de la gran herida, de la gran fascinadora. Millares de ojos hacen a Julio signos provocativos. Millares de brazos desnudos se alzan invitándole a descender de la cima geométrica de la razón, a enroscarse en ellos, a morder senos en flor, nucas rendidas, bocas entreabiertas, vientres palpitantes... Allá, muy lejos, Cecilia va quedando olvidada. Una espesa nube, esponja implacable, va borrando todos los caminos de la enorme pizarra donde se había caprichosamente planteado el problema vital de Julio. Mientras la ciudad, jadeante, está gritando su deseo como una bestia encelada; establece frenéticos enlaces con la antena viva, erguida sobre la cumbre, próxima ya a arrancarse de la vibrante contemplación.

Le quedan unos segundos... El múltiple jadeo de la ciudad se resume en un solo grito sexual, que Julio percibe en mitad del pecho; quisiera caer sobre ella como sobre una amante de mil brazos, de gestos innumerables, en una frenética red de senos temblorosos.

Dos sombras se le juntan. El relevo. ¿Van a arrebatarle el señorío sobre la hirviente ciudad? Cuando va a alzar el fusil para repetir la consigna, la gran tentación remueve dentro de él los últimos resortes del goce. Julio resbala, deliciosamente, hacia la sima de la voluptuosidad... La ciudad le ha vencido. La gran circe le ha hecho arder, consumirse, como una pobre bujía que sueña ser astro.

Allí quedó el nuevo centinela. Julio abandona su atalaya, vuelve su espalda a la amante innumerable. Lacio, frío, arrastrando su propia carne, derrotada, lejos de Cecilia —fabulosa—, lejos de la gran Circe viva —siempre actual—, que perennemente abre sus brazos para estrujar en ellos un botín nuevo y tembloroso.

*

Fueron aquellos días para Julio una semana de plena

cumbre: el cuerpo en Montjuich y el espíritu entre los hielos de la desnuda razón. Iba y venía, contemplando alternativamente el mar y Barcelona, mientras el ocio iba agudizando sus pensamientos. Ante su vida en blanco, comenzó a preguntarse:

—¿Voy a pasar del falso libro *Mayor* de don Braulio al verdadero de *La Eterna Paz?* Tengo que decidirme... Puedo ser un burgués, como puedo ser un perpetuo soñador... ¿Qué escojo?

De pronto le atraía una pequeña explanada histórica donde meses antes habían fusilado a Francisco Ferrer[76.] Contemplaba el lugar exacto donde situaron al reo...

—¡Era un soñador! ¡Este es el fin de los soñadores!

Se arrancaba de allí, volvía a sus preguntas.

—¿La aventura o el monótono hogar? ¿Debo vender mi libertad al diablo, aunque las uñas de este diablo sean del rosa más bruñido y sus ojos se tiñan de cielo? ¡Bah! El color es siempre un embuste, la luz es siempre un embeleco. ¡Latiguillos poéticos! La vida tiene durezas, angosturas, claroscuros, pero nada más. El color no existe. ¡Pero esas balas que se incrustan en el cráneo, donde, en vez de calcular, se sueña! ¿Por qué el mundo paga así, con plomo, a esos hombres generosos, incapaces de robarle su oro?

Todo se iba reduciendo al más sencillo esquema: *dos rutas:* Cecilia, en ésta; en aquélla, don Braulio. Dos caminos, dos calles: Balmes, Villarroel. Julio seguía las dos, una tras otra, montado en su vehemente fantasía... Una tarde cualquiera, frente al mar, estrangularía su propia libertad y la ofrecería, en una bandeja, rendido y sonriente, a la dominadora. El mar arrastraría los despojos de su juventud sacrificada, pero, en cambio, le dictaría su ritmo insoportable,

---

76   *Ferrer:* Francisco Ferrer y Guardia (1859-1909), pedagogo libertario y fundador de la Escuela Moderna, fue acusado de ser uno de los cabecillas de la insurrección ciudadana de finales de julio de 1909 en Barcelona conocida como la «Semana Trágica», y por ello fusilado el 13 de octubre en los fosos del castillo de Montjuich.

sus idas y venidas estrictamente normales. A cambio de todo afán tempestuoso, le cedería el compás melódico de sus olas. El mar fue siempre un músico mediocre...

—¡Julio, Julio!

—¿Qué quieres?

—El capitán te da permiso hasta retreta.

—Bien.

¡Un día libre! A los diez minutos Julio, en traje de paseo, se deslizaba alborozado por las rampas de Montjuich. Tenía tiempo para todo: cobraría el trabajo de los tenderos de *La Amistad,* y un *brindis* que había de pronunciar el secretario en el banquete que le ofrecían por su excelente *memoria* de aquel año... Un *brindis* admirable, donde se enlazaban el modo ciceroniano, la oliva como símbolo de unión y la aceituna, como sabroso comestible[77.] Julio, en ocho cuartillas, había expresado fielmente las simplicísimas emociones de un comerciante de ultramarinos al fin de un homenaje. Un homenaje rendido a los primores retórico-mercantiles de Julio.

«¡La cosa tiene gracia! –iba pensando el redactor del *brindis*–. Ahora sí que voy a pagarle a don Braulio.»

Pero entre don Braulio y él se filtró descaradamente la imagen de Cecilia, flotante, inconexos al principio sus rasgos, apretada, construida, al fin, con un leve esfuerzo de la imaginación.

«¡Pobre Cecilia!»

Allí está, sentada frente al balcón –como aquella tarde del segundo beso– asistiendo a la lenta desaparición de la luz. Se iban forjando sobre su cara antifaces complicados, misteriosos, de sombras cada vez más densas... Jeroglíficos insolubles sobre una cara tan sencilla, de tan fácil interpretación... Todo es así, muy simple, muy desnudo. Luego

---

77   Si convencer al modo aristotélico es hacerlo mediante pruebas, el modo ciceroniano convence ante todo seduciendo.

el color –el gran embuste– y la retórica –la gran trapacera–
lo van enmarañando todo. En la mujer, en todo. Julio, en
adelante, se atendría al pensamiento rudo, que todo lo
deseca, que arranca antifaces y restaña fisiológicos rocíos.

Entró en el Paralelo, después de atravesar un trozo
gris de suburbio, lleno de latas vacías y chicuelos descalzos.
En la Ronda de San Antonio vivía el tendero deudor, y
Julio preguntó por él en el piso. Una grasienta doméstica
le contestó desabridamente. Julio insistió, con timidez:

—Es una cosa importante...

—He prestado mi cerebro al señorito –pudo decir
Julio–. Vengo a cobrar los intereses.

Del fondo de la casa emergió una voz recién bañada
en aguardiente:

—Dale esos ocho duros.

Julio iba a replicar...

—Me habían dicho que serían doce...

Pero nada dijo. La alegría de recibir en seguida los
ocho borró de él todo otro deseo, toda noción de justicia,
aun la más elemental. ¡Ocho duros! Eran los primeros que
recibía juntos en su vida de heterogéneo y disperso trabajo.
Generosamente, desdeñó las veinte pesetas del vendedor
de embutidos más famoso del distrito. Ni se dio cuenta de
que el tendero no había querido recibirle. Guardó el
dinero y bajó brincando los peldaños, de tres en tres.

¡Sol, dinero, libertad! Faltaban ocho horas para regresar al castillo... ¿Y Cecilia? ¿Y la fiebre de Cecilia? Sí,
sí, pensaba ir a verla...; todavía pensaba en ir a verla.
¿Cómo hacerla morir, definitivamente? Iría, como otras
tardes, acabado el almuerzo, cuando ambas Cecilias solían
sumergirse en los cristales para atraer, vivas estampas, a
nuevos clientes.

Volvió a recorrer el Paralelo. Los teatros dormían bajo sus cobertores pintarrajeados de mujeres semidesnudas y chillones rótulos... *La corte del Faraón... El poeta de la vida... La viuda alegre... Dora, la belchitana... La Fornarina... Apaga y vámonos...*[78] Teatros de yeso y barracas de madera; grandes desvanes para multitudes encandiladas ante la aparición del juguetón seno izquierdo, del tímido seno derecho, del negro triángulo cuya exhibición, la más fugaz, determina la multa que ha de pagar dócilmente el señor obeso de la gran cadena de oro y de la enorme sortija, hermana incestuosa del descomunal cigarro puro. Aulas pintorescas donde las lecciones de chabacanería se cotizan fabulosamente. Antros infectos donde las íntimas lecciones se pagan a precios irrisorios, porque el seno derecho perdió hace tiempo su falsa timidez, y el negro triángulo no dispone del gordo contratista que, por cada rápida exhibición, satisfaga la multa.

Todo mudo, hermético, hasta el atardecer que se llenará de bocas recién pintadas, de rostros recién maquillados, de vientres y pechos recién salidos de la tortura del masaje, de cuerpos ya libres de esos potros donde la juventud se estira, donde se descoyunta el ritmo inexorable de la decadente belleza. En las paredes, hechas jirones, las artistas que se despidieron ayer, arrancadas por el renovador de faunas, el hombre del cartel que, brocha en mano, entierra inexorablemente bajo los nuevos chafarrinones[79] noches de placer ya consumido.

Se paró frente a un muro donde estaban fijando los

---

78   En la Avenida del Paralelo se sitúan varios teatros, donde pudieron estrenarse algunos de los varios títulos del género chico que triunfaban a finales de la primera década del siglo que Jarnés cita. Así, *La corte del Faraón*, de Vicente Lleó, se estrenó en 1910, el mismo año que *El poeta de la vida*, de Rafael Calleja; la opereta *La viuda alegre*, de Franz Lehar, en 1905 en Viena. Y *Apaga y vámonos*, también de Lleó, en 1907. *Dora «la belchitana»* y la ya aludida «La fornarina» son los nombres artísticos de dos cupletistas.

79   *Chafarrinón*: Borrón o mancha.

carteles de una compañía de zarzuela. Anunciaban para aquella noche *Las musas latinas*[80]. ¿Alguna insensatez con música de fogón? Porque el almirez es muy buen camarada de estos preparados escénicos, competidores de la vainilla, el jengibre y la cantárida[81].

¡Las musas latinas! Sonaba a hexámetros cantados por ninfas desnudas, a bocas infantiles que repiten complicadas declinaciones bajo la palmeta del dómine, a himnos de Venus coronada de mirtos... Surgirían las tres: Francia, Italia y España cantando las superficiales excelencias de su cuna. De cada nación, una rolliza soberana escondiendo su exuberante desnudez bajo el pabellón nacional, como las botellas de vino y los cadáveres de los «muertos gloriosamente en el campo de honor». Todo con música, primero de broncíneas trompas y, más tarde, en representaciones domésticas, de áureos almireces.[82] *Musa, musae...* Latín, Mediterráneo, cursilería, tópico.. (¡Y siempre, allá lejos, un pobre niño, arrancado del azadón, de carita pálida, ojillos prematuramente tristes, de gesto azorado, repitiendo la monótona declinación!)[83]

Julio se contentó con leer los carteles. Tenía dinero, pero hay siempre un Montjuich una corneta implacable, instalada allí para substituir la voz gastada de los antiguos imperativos categóricos. Julio debía regresar al castillo, mediada la sección de la tarde. Quizá al regreso...

*

80   La zarzuela *Las musas latinas*, de M. Penella, se estrenó en el Teatro Apolo de Barcelona en 1913.
81   Jarnés junta frutos conocidos por sus poderes aromatizantes y excitantes.
82   *Almirez*: Mortero de metal, pequeño y portátil, que sirve para machacar o moler en él.
83   Jarnés parece aquí evocar su propia infancia de niño muy pobre que decide dedicarse al seminario –y por tanto aprende latín- para escapar de las tareas del campo, como narra en su autobiografía «Años de aprendizaje y alegría» antepuesta a *Viviana y Merlín* (1930 y 1936).

¿Y Cecilia? Inconscientes, los pies de Julio seguían la dirección de la calle de Balmes. Ramblas arriba, iba perdiendo su alborozo. Aun tuvo decisión para arrancarse del camino y pedir en una taberna algunas cosas de comer. Bebió un vaso de vino y, una hora más tarde, se encontró lanzado otra vez en la misma dirección. Cecilia estaría allí, hundida en una butaca, envuelta en su mortal palidez, esperando al aturdido mozo que en estos últimos días se borró del mundo doméstico de la enferma.

—¿Qué le ocurrirá a Julio?– habrá preguntado don Martín, repasando sus facturas.

Nada. Ninguna catástrofe, ni siquiera sentimental. Ninguna mujer le salió al paso, ningún robo le confinó en la cárcel, ningún morbo en el hospital. Todo fue producto de una revisión de valores, de dos horas de centinela sobre su propia vida.

Cuando, poco más tarde, Julio volvió a entrar en la calle donde presentía sus redes, llevaba en el rostro hondas huellas de cansancio. Venía derrengado, maltrecho, como de un largo viaje al país de las sombras, ya preparado para un pobre ramo de siemprevivas... Desde la muerte de Cecilia, ¿cuántos años habían trascurrido, medidos en el reloj inexorable? Acudía penosamente al lugar de sus recuerdos, y, no lejos ya de la fascinadora sirte, se detuvo a evocar la patética escena que se estaba representando allí, frente al escaparate... Julio vio un grupo de curiosos, de aire compungido algunos, de rostro indiferente los más... Y –¡horror!– de la misma casa brotó un féretro, a hombros de cuatro enlutados; un féretro blanco y oro... Que cruzó la acera, en pleno silencio... Mientras, de la casa salía un gemido.

Julio, como el asesino que presencia los funerales de su víctima, se va acercando trémulo, vacilante. Quizá es cruel apresurar el ritmo gracioso de las horas, a trueque de estrangular al metódico relojero. Basta con alejarlo, con apartarse de él, de ella, la dulce ordenadora.

Una silenciosa huída... Y que Cecilia siga acechando, en su fanal azul, el paso de los viajeros aturdidos. ¿Por qué hacerla volver al seno de los dioses? Si ella prefiere, a los colores auténticos de la faz humana, extender sobre las formas vivas esa liviana mancha de color que otorga a cada ser un fácil paso por todas las aduanas sociales, capaz de deslizarse suavemente por todos los engranajes; si ella quiere leves cromos, en vez de duros lienzos, ¿a qué privarle de ese placer de obrera? ¡Que siga elaborando estampas!

Llega, por fin, al grupo dolorido... También Cecilia presencia el entierro. Está allí, como siempre, detrás de los cristales, envuelta coquetonamente en pieles blancas, pálida, extenuada, como dispuesta a un viaje por el país de las sombras.

Julio, como los auténticos héroes románticos, siente al verla un brusco estremecimiento, se apoya en la pared, vacilante. Pero no cae, retrocede. Y se espanta de sí mismo. ¡Retroceder! Primero vuelve la cabeza; luego, todo el cuerpo; después, atónito ante sí mismo, todo el espíritu. Vuelve a recorrer la calle hacia la Gran Vía Diagonal, su punto de partida. Y llega ya sereno, recobrado, un poco envejecido −¡habrán pasado ya tantos años desde la muerte de Cecilia!−. pero vibrante. Allá quedó Cecilia, en su espacio ultratelúrico[84,] infranqueable. Sobre aquella cripta, donde yacen unas momias de imágenes polvorientas, de endebles minutos, puede Julio continuar esparciendo sus manojos de siemprevivas, liberar el soneto −acaso el último−, que aún le queda aleteando en su desván retórico.

---

84   *Ultratelúrico*: Esto es, de ultratumba.

Que comienza a picotear en los barrotes de la jaula... Julio
le abre la puertecilla y el pecho queda lleno de aire nuevo,
se va despojando de retórica nociva, ancho y limpio de todo
deseo. Paladea el soneto, metáfora a metáfora, antes de
despedirse de él para siempre, como quien repite un lindo
epitafio.

—¡Julio!

—¡Rubí! ¿Has visto qué desgracia? ¡Pobre Cecilia!

—¿Cómo? ¡Si está ya casi buena!

—Acabo de presenciar sus funerales.

—Estás loco... Ese entierro es del joven del segundo.
El pobre estaba tuberculoso. Un día me hizo correr. Quería
abrazarme. Se le escapaba la vida al infeliz... Pero Cecilia
podía y ha podido resistir mucho.

—No.

—Oye... ¿Qué te sucede? Vienes sin color.

—Recorrí unos años en pocos días. Me canso, Rubí. Es
demasiada velocidad.

—No te entiendo... ¿Vendrás mañana al taller?

—No, no vuelvo más. Ya dejé allí mi corona.

—Me das miedo.

—No quiero dártelo. Al revés; quiero convidarte. Ven
conmigo.

—Lo sabrá Cecilia.

—Cecilia ha muerto. Acabo de escribir su epitafio.

Lo dice rotundamente. Hay tal decisión en sus palabras que Rubí no se atreve a replicar. Después de un silencio, apunta ella, medrosa:

—¿Qué os ha ocurrido? ¡Si ella te quiere tanto!

—No me quiere a mí. Quiere al hombre que resulte
de una arbitraria confección casera. Vamos, Rubí.

—Con tal de que te calmes...

Echan a andar. De nuevo Barcelona ofrece a Julio el muestrario de sus calles: Muntaner, Aribau, Casanova, Villarroel... Por Villarroel se internan de nuevo en la ciudad. Pronto ríen los dos, como chicuelos fugitivos de la pesadilla de un colegio. Entran en un bar, luego en un reservado. Julio arroja sobre la mesa el dinero que ha cobrado por la *memoria* de los comerciantes de ultramarinos. Pide vino, fiambres...

—Siéntate aquí, en mis rodillas. Vamos a merendarnos todo mi porvenir: el dinero de don Braulio.

—No te entiendo. Explícame.

—¡Oh! Eso es muy largo de contar.

Seis días más tarde, Julio, sombra de sí mismo, terrosa
la piel, demacrado, aristado, vacilante, cruzaba la calle de
Aribau, en dirección a la Academia. ¿Qué pensaría de él
don Braulio? Rubí quedaba allá arriba, en un chiribitil[85]
próximo a las estrellas, entre unos pocos muebles desco-
yuntados, destripados. Allá arriba quedaba también un
ídolo, un simulacro de amor, ya desteñido, desinflado.
Porque sin dinero, el amor pierde al momento sus falsas
purpurinas; se le ve tal cual es: un poco de monótona vehemencia que va apagándose...

No, no era fea Rubí... Su boca, el frágil mecanismo de
sus besos, fue para Julio un hallazgo. ¿Cómo podía besarse
tan frenéticamente sin perder voluptuosidad? Sus besos
fueron innumerables, como los caminos del mar; por eso
Julio se perdió, se aturdió en ellos... Sólo que en cada
minuto repetían su marea. Llegaron a ser tan aburridos
como el mar sin borrascas y sin náufragos. Y allí no podían
surgir catástrofes de gran envergadura, porque un amor
así, tan humilde, lo soporta todo; es tan dócil como ese
sombrero que a los dos o tres días ya se somete por completo a nuestro cráneo, del cual nos despojamos a cualquier
hora, a quien se cuelga en cualquier perchero o se pierde
en cualquier diván.

Aun era muy joven Rubí. Aun su cuerpo desnudo
podía mantener en buen equilibrio todas esas impertin-
nentes combas que los días felices van alzando en nuestra
anatomía. Aun podía, en medio de aquel chiribitil, ofrecer
su plena desnudez, si no como sabroso espectáculo, al
menos como una agradable recompensa... La pobreza –la
miseria, tal vez no– gasta a los hombres esas bromas; pro-
longa la agilidad de los músculos, sutiliza los rostros, man-

---

85 *Chiribitil*: Cuarto muy pequeño.

tiene en perpetua avidez los sexos, evita embriagueces, arrebatos en la mesa y en el amor... La pobreza, por sus frenos, por sus normas, es seguramente –pensaba Julio– el ideal humano más próximo a la santidad. La perfección más barata.

Se enfureció contra sí mismo al sentir que comenzaban a invadirle pensamientos de esclavo[86] ¡No! ¡Aun no se daba por vencido! La pobreza es un insoportable estigma. Era cruel ver desnudarse a la pobre Rubí... ¡porque ella se ruborizaba de ofrecerse tan mal vestida a los hombres, y prefería quedar rápidamente desnuda! Bien fácil era advertirlo. Rubí se sonrojaba no de su piel, sino de todo aquello que en vez de añadirle seducción se la restaba. Sentía el pudor de mostrar aquella humilde bata de percal, aquella lisa y blanca ropa interior, sin un encaje, sin un picaresco subrayado, sin un graciosos aliño que añadiese acicates a voluptuosidades fatigadas, que, por sabias etapas, pudiese retrasar la total aparición de sus encantos desnudos, compensándolos del incentivo que iban ya perdiendo.

Pero la pobreza acomete así siempre a la conquista del mundo. Desnuda, inerme. A fuerza de un sobrante de hermosura en la mujer; a fuerza de un sobrante de inteligencia en el hombre. Rubí tiene que lanzar su total anatomía a la brega; quizá Julio debe agudizar su inteligencia hasta lo sumo para cualquier negocio. No para conquistar el mundo, sino para lo más sencillo, para lo que cualquier mujer o cualquier hombre tienen de sobra ya al nacer, para poder mantener la tersura de su piel, el equilibrio de su anatomía sin desfallecimientos; para saciar su hambre y su

---

86 El filósofo alemán Friedrich Nietzsche es el que puso en circulación la distinción, popularizada en España ya a principios de siglo, entre dos sistemas de valores que de hecho suponían prácticamente dos maneras diferentes de pensar: una moral de los «señores» (aquellos que se saben superiores) y una moral de los «esclavos» (aquellos que se conciben inferiores).

sed, para encontrarse aturdidamente en un desván con cualquier Rubí, desnuda no por amor al goce, no por vicio, sino para vencer la vergüenza de ir tan mal vestida, para hacer entrar en juego sus únicas armas.

¿También Julio habrá de despojarse de todas sus gallardías, de arriar todas sus vanidades, de presentarse en el mundo en plena desnudez de airones y fantasías para lograr en él un puesto? Porque el mundo sólo tolera sumisos a quienes ha de abrir el postigo de esas escaleras de servicio por donde siempre ascienden los humildes, esa puerta estrecha que no conocen los afortunados, los hijos de la excepción. Porque la mal llamada «sociedad» se compone ante todo de excepciones, y un pobre ilusionado es una mala regla general.

Subió a la Academia. No encontró allí a Matilde, a ningún alumno. Le recibió el hijo de don Braulio.

—¿No sabes, Julio? Papá está en la cárcel.

—¿En la cárcel?

—Sí. Lo detuvieron hace dos días.

—Entonces aquel «peligroso agitador» de que hablaba la prensa... ¡Quién podía pensar!...

—Era él. Se titulaba el suelto: «Un buen servicio policíaco». Sólo un periódico trajo el nombre, *El Diluvio*. Papá ya hace tiempo que esperaba algún atropello así... Porque desde el año nueve...

El muchacho, sonriente, gallardo, como si participase ya de la serenidad de su padre, de la serenidad el propio Lenin, continuó:

—Fue muy divertido. Papá iba a acostarse cuando llamaron bruscamente... Papá dijo: «¡Ya están ahí esos imbéciles!» y acertó; eran ellos.

—Iré a verle.

—No vayas de uniforme. Sería una imprudencia que podría costarte cara. Registraron todo el piso, ¿sabes? Pero no encontraron nada. Aquel mismo día habíamos llevado seis mil hojas al tercero izquierda, metidas en un saco. Míralas...

En un cuartito obscuro aquella metralla ideológica aguardaba su artillero. El muchacho invitó a Julio:

—¿Quieres llevarte unas pocas?

—No, Pepe; ahora no.

Pepe —de quince años, de ojos astutos, risueño, jovial— cerró la puerta del cuartito, e insistió:

—No vayas de uniforme a la cárcel. Y si quieres trabajar, aquí tienes los libros. Mamá los corregirá.

—No. Descansaré unos días.

*

En la calle respiró anchamente. La ausencia del «peligroso agitador» de seguro le permitiría recuperar el dinero de la mensualidad... Tal vez en el *Teatro Chapí* harían falta copias o comparsas. Iría a ver a Arturo, puesto que se acercaba la hora del ensayo. Preguntó en el vestíbulo por el suplente del segundo violinista, y un ordenanza le condujo por una galería en plenas tinieblas hacia un boquete donde oscilaban unas luces. Se acercó al foso de donde brotan las óperas cuando la butaca golpea en el atril: allí, sumergido hasta el cuello en un charco de arpegios, se encontraba Arturo. Que se sobresaltó al ver a Julio brotar repentinamente de las sombras.

—¿Ya me traes la orden?

—¿Qué orden?

—La de incorporación.

—No sé nada.

—Parece que en el Rif se armó otro zafarrancho y van a llamar a todos los licenciados con ilimitada. Lo traen los periódicos de la mañana. ¿No lees la prensa?

—Eso depende...

No quería decir que durante todo el día no tuvo un céntimo en el bolsillo.

—Seguramente hay sorteo y en él entraremos todos. ¡Me han hecho cisco toda la temporada! ¡Ahora que tenía una vacante segura!

Temblaba de coraje. ¡El violín iba a escapársele del hombro! De aquel hombre que hoy era acariciado por tan dulce y rubio peso y muy pronto sería brutalmente surcado por inflexibles correas marciales, por la rigidez metálica del fusil! Arturo se sentía ya abrumado por toda una dotación de municiones, por el equipo completo de campaña, andando entre dos cerros erizados de chumberas y cañones asesinos, de fusiles muy sabios en el arte de distribuir la muerte. Contemplaba amorosamente su violín como quien va a despedirse de una mujer a quien ya nunca podrá ceñirle el talle con sus manos ni arrancarle tan finos runruneos de gata complacida.

—Tal vez no se confirme... –apuntó Julio.

—Se confirma siempre todo lo malo. ¡Ese Marruecos! ¡Yo no sé qué hacen las gentes avanzadas! ¡El pueblo es una manada de bueyes!

Y se puso a templar el violín. Los músicos iban sumiéndose en el foso negro, donde sobrenadaban las lucecitas como de lanchas de socorro. Julio iba a despedirse sin solicitar nada de Arturo, pero éste le señaló una butaca:

—Siéntate ahí. Sólo vamos a ensayar un acto. Te va a gustar.

La batuta golpeó el atril, y comenzaron a brotar del foso dulzones chorros de corcheas, de semicorcheas, de fusas y semifusas. A veces la persistente vibración de la batuta sostenía en alto unos segundos a cualquier rolliza blanca o redonda que se resistía a evaporarse en la rítmica neblina, como esas pelotas de los juegos de agua; pero unos furibundos golpes de timbal solían destruir toda efímera construcción. Se repitió dos veces una frase. Arturo, olvidado ya del Rif, era esclavo de la batuta.

En el escenario, una joven comenzó a afirmar su procedencia extranjera, su carácter de campesina del Tirol, a pesar de venir vestida según el último modelo de las Ramblas; porque en los ensayos ningún mundo interior expelido en cuartetas o tresillos suele estar conforme con la superficie visible del personaje que nos abre su pecho. Luego apareció un atildado joven, pulcramente afeitado, que comenzó a hablar de su barba blanca, de su vejez pisoteada... Era el anciano tirolés a quien la conducta de la joven «había roto el corazón». Irrumpía luego en la escena otra joven que también que también hacía constar su carácter de víctima del amor...

Transcurrió el acto, con dos o tres interrupciones.

—¡Más fuego! –pedía el director a la poco vehemente seudotirolesa–. Advierta usted que en esta escena se juega usted el amor de Raúl.

Y la tiple añadía aburridamente unos leños a su pasión por el joven, un aventurero calabrés.

—¡Más alma! –pedía el director al barbilampiño barbudo; y el joven fogoso escalonaba su paternal irritación, según la abertura del ángulo señalado en la partitura–. ¡Comience más tranquilo, y poco a poco déjese llevar por la cólera!

Y el joven, a partir de un compás, se dejaba llevar por la cólera. Mientras, salían, de detrás de una pagoda[87] –inexplicable en el Tirol–, un coro de campesinas en el traje de seducir a los asiduos concurrentes a los cafés del Paralelo. Salían misteriosamente, sin que la tiple y el barítono lo advirtieran. Cuando el joven anciano, después de un violento calderón, huyó por la derecha, las campesinas se fueron apiñando en torno a la joven, ahora derrumbada sobre una silla –que era un peñasco– y sollozante. Julio revistó a aquel coro rural y, de pronto, se vio sorprendido por un saludo de la tirolesa número tres, por Guillermina.

—¿En qué instituto de belleza se habrá Guillermina rectificado las piernas? –se preguntó.

Contestó al saludo. Guillermina siguió haciéndole unas señas, que Julio no entendía.

—La esperaré al salir –y comenzó a lanzar sonrisas al proscenio.

El coro, susurrante, acariciador, comenzó a consolar a la joven del desliz. Le hablaba del amor, de la vida, de la esperanza, de la ilusión, de todo menos de obligar al calabrés a contribuir con unas liras al sustento del rapaz sobrevenido. La joven se dejó llevar por la masa corriente de corcheas y, con gran vehemencia, se adelantó hasta el negro foso y proclamó la independencia de su amor. ¡Huiría con su vástago! Después de pensarlo durante algunos interminables compases, lo ejecutó, seguida del coro. No descendió el telón, pero el director desapareció del atril.

Guillermina, ya dentro de su lamentable escenario vital, donde Julio también era comparsa, llamó a su amigo desde la batería:

—Julio, ahora voy.

—¿Conoces a Araceli? –dijo Arturo.

---

87 *Pagoda*: Templo oriental.

—Se llama Guillermina.

—Pues aquí es Araceli. No me sorprende, porque estas mujeres se pasan la vida cambiando de traje, de amor, de teatro, de nombre, hasta de piel... ¿Es de tu pueblo?

—Es de mi provincia. Vinimos juntos a Barcelona: ella, con mucha fe en un porvenir; yo, con ninguna.

—Pues no le ha valido la fe. ¡Como no le valgan otras cosas! Tú, por ejemplo. ¿Tienes algo con ella? Es bonita.

—Me desdeña. No tengo porvenir...

—Me reiría si hoy la prensa no me hubiera suprimido la risa. ¿Crees que hay derecho a llamarnos?

—Derecho, no sé. Seguramente habrá necesidad... Pero oye... ¿hay aquí modo de ganar algo, como en el Liceo?

—No. Si necesitan a alguien, en seguida se presenta el chulo, o el hermano, o el primo de cualquiera de esas y por dos pesetas hacen el salvaje o el curo mucho mejor que tú. Tampoco creo que haya copias en mucho tiempo. Y, además, ¿para qué? ¡Nos va a tocar ir a África!

Salieron. Arturo se despidió, meditabundo:

—Hasta pronto. Nos veremos en el cuartel.

—Yo aguardo aquí a Guillermina.

—Cuida con ella. Es una mujer peligrosa... Adiós.

Las coristas, al salir, miraban picarescamente a Julio, tieso muñeco rojo y azul, que para esconder su timidez fingía una completa indiferencia. Una morena incandescente le rozó el hombro, diciéndole:

—¿Vienes, castizo?

No podían disimular su verdadero idioma, inaplicable en aquel momento y lugar. Inaplicable también, aquella frase, al anticastizo Julio. Por fin, asomó Guillermina.

—Vamos adónde quieras. Y llámame Araceli.

—¿Por qué?

—Ya te explicaré.

Probablemente no había otra razón que un póstumo respeto a la Guillermina fracasada que un día soñó ser la respetable señora del director de la *Banca Bermúdez;* pero Julio, sin preocuparse de las causas, se felicitó de encontrarse con una nueva mujer. Porque el cambio de nombre había determinado en ella otras muchas transformaciones: ahora no se preocupaba de su propia altivez, siempre erguida, con un espacio vacío tan estrictamente guardado entre ella y su acompañante; ahora, cada diez o doce pasos, su talle se inclinaba del lado de él, su brazo y su hombro rozaban los de Julio; llegó un instante en que Julio sintió en su antebrazo la suave pesadumbre del seno izquierdo de su amiga. Toda aquella estructura placentera, que llegó un día a Barcelona decidida a fijarse una máxima y legal cotización, admitía ya dulces presiones de aquella mano de Julio, tan vacía de todo lo que no fuese calentura juvenil, deseos imprecisos, pájaros fugaces. Aquellos ojos ariscos buscaban ya –dulcificados, avarientos– la ternura de otros ojos amigos; aquellas manos hostiles, cuyo contacto dejó tan frío a Julio el día de su hallazgo, estaban ya aleccionadas en el arte de conmover.

—Cuéntame. ¿Cómo caíste en el *Chapí?*

—Estuve una temporada sin trabajo. Después entre en *La Buena Sombra,* a cantar cuplés... Pero ya sabes, allí me exigían ir demasiado desnuda... Tú no conoces *La Buena Sombra,* ¿verdad?

—Sí, la conozco.

—La segunda noche nos multaron. Yo no me atrevía a salir sin medias... Tuve que venir al *Chapí.*

Mentía para ocultar pudorosamente el fracaso de sus

piernas. Guillermina sólo podía tomar parte en las revistas en calidad de mito acuático, trocada en pez, desde el vientre hasta abajo. En *El pescador de estrellas* —Julio conocía la revista— Guillermina brotaba del mar, sólo con una leve espuma prendida a los senos. ¡Cómo resplandecían las escamas de sus muslos, hechos de papel de plata! Los escenarios exigentes nunca podrían utilizar a Guillermina sino en concepto de sirena. Sólo el de *Chapí,* menos escrupuloso en detalles plásticos de gran coste, pudo abrirle un hueco en sus filas. Tenía buena voz... Había cedido a una transacción que el empresario —ya un segundo empresario— le propuso. De astuta sirena, mitad plata, mitad sabroso melocotón, flotante en una superficie rizada, blanca y azul, había descendido aquella tarde a la vida humilde de una campesina del Tirol.

Mentía. Eran sus piernas las que, brutalmente, habían decidido de su suerte. En el resto de su vida tendría que ir escogiendo profesiones donde sólo se exigiese la mitad del cuerpo, donde el cliente —o el espectador— se contentase con mitades perfectas de mujer. Podía elegir entre continuar realizando su papel mitológico o buscar un empleo en las ventanillas del metro. A menos que los autores —con un sentido histórico poco común— situasen sus revistas en pleno siglo XVIII donde cada mitad inferior de mujer apenas es un ancho y aparatoso zócalo para sostener el busto.

«He aquí una voluntad en línea recta, que no puede realizar su destino por tener algo torcidas las extremidades inferiores —pensaba Julio—. En cambio, yo las tengo muy rectas, pero mi voluntad anda siempre en zigzag.»

Y consoló a Guillermina de aquellas supuestas injusticias que ella creía sociales cuando eran estrictamente anatómicas. Además, ella podía esgrimir un arma encantadora:

la voz. Era una de esas voces que saben dar a cada palabra su relieve exacto, por quienes la frase adquiere volumen, queda perfectamente situada en el aire. Puro narcisismo verbal. Quien así habla, se escucha, instala fuera de sí el pensamiento para verlo tomar cuerpo, perfilarse bien para entrar en sus faenas de seducción. Rubí tenía una sencilla voz musical, como cualquier voz femenina de las que sólo quieren agradar, no sorprender. De la voz de Rubí quedaba un rastro en el aire, una estela de violín; de la voz de Guillermina quedaba el hueco geométrico. La primera sólo pretendía acariciar y morir; la segunda modelar y persistir.

Guillermina siguió hablando algún tiempo, desembarazándose de su propia historia, de su propia intimidad... Julio apenas atendía ya sino a la voz, a aquella voz que, desde la concha, podía ordenar un crimen, segura de ser obedecida. Una voz así, puesta al servicio de una «idea grande», empujaría a grandes masas a la lucha. (Julio dividía entonces las ideas según la pauta de don Braulio: ideas grandes, de hombre libre, e ideas mezquinas, de esclavo.) Aquella voz sería un hallazgo para cualquier faena subterránea de redención de multitudes. Produciría en las baterías sociales el mismo fruto que la audacia de aquella heroína de Augusta que prendió fuego a la mecha del cañón[88]. La voz de Guillermina en contacto con la estopa inflamada de una excelente retórica de mitin produciría una catástrofe patronal.

Pensaron luego continuar la charla en un café, pero Julio recordó que no tenía dinero; aunque el problema era de fácil solución. Como a aquella hora se estaba celebrando el banquete en honor del tendero, Julio, causa total del homenaje, iría a pedirle el resto de la deuda. En aquellos mo-

---

88   Jarnés se refiere a Agustina de Aragón (1786-1857), quien se encontraba en Zaragoza en 1808 cuando la ciudad fue sitiada por las tropas francesas. Al morir los artilleros que defendían con un cañón el baluarte del Portillo, se hizo con aquél y contribuyó a rechazar el ataque enemigo.

mentos de triunfo, el secretario de *La Amistad* no había de negarle diez pesetas.

—Espera un momento en este bar. Vuelvo pronto. Voy a esa fonda.

Oyó en seguida un sordo murmullo donde se iban fundiendo las charlas, los tintineos de vasos, los jirones de una meliflua habanera. Nube confusa, indescifrable. El banquete había llegado a ese punto brumoso donde confina con la retórica.

Los camareros le dejaban pasar, creyéndole un ordenanza de alguno de los jefes alojados en la fonda. Pero al llegar al umbral del comedor, una bronca voz, que nacía detrás de un espeso bigote, le detuvo.

—¿Qué buscas ahí?

—Venía a hablar con ese señor.

—¿Con quién?

—Con ese que está en el centro, en la mesa de la presidencia. No recuerdo cómo se llama.

El hosco bigote inició unas evoluciones extrañas. Tras él podía haber recelo, desdén, cólera... Era difícil averiguarlo. Toda vegetación facial es enemiga del fiel contraste de la fisonomía. Los hombres barbudos, bigotudos, deben atenerse a unas pocas series de hombres. El que repelía a Julio, acabó por decir:

—Salga de aquí. Espere ahí fuera.

Julio seguía inmóvil. En aquel momento, el «homenajeado» blandía unas cuartillas, las cuartillas de Julio. Iba a coronar el éxito logrado con la *memoria*. Acaba de ofrecérsele el banquete... Primero, unas turbias, unas horrendas frases del comensal más gordo; después las cuartillas triunfales de Julio.

Un tendero susurró al oído de otro:

—¡Si sabremos lo que son las cosas! Se las ha escrito el abogado de *La Amistad*!

—¡Claro, claro!

Las frases de gratitud, impregnadas de metáforas circunstanciales, fluían torpemente... Julio empezó a lamentarse de haber tropezado con tal mal lector.

—¡Salga de aquí!

El bigote se encrespaba. Aquella voz impertinente iba adquiriendo tornasoles agresivos. Julio calculó la vehemencia de los puños de aquel camarero peludo.

—Bien, hombre, bien.

Y salió, como arrastrado, mientras caía sobre el lector de las cuartillas una lluvia de aplausos. Llegó precipitadamente al bar y dijo a Guillermina:

—Ahora termina el banquete. Es cosa de unos pocos minutos. Toma lo que quieras.

De la fonda comenzaba a salir una lenta procesión de habanos. Salían de dos en dos, de tres en tres, produciendo en la calle una blanca neblina. Primero salió un hombre redondo, abrumado por su traje negro, que trabajosamente se incrustó en un coche. Al fin, en medio de un corro de jóvenes, apareció el agasajado. Llegaba sonriente, contorneándose. Julio se le acercó.

—¿Qué desea?

—En primer lugar felicitarle...

—¡Ah, sí! Pues... muchas gracias, joven. Como usted vio, la cosa no salió tan mal... Ya sabe dónde me tiene...

Un poco azorado, buscaba un refugio donde perder de vista al importuno. Julio, entre dientes, prosiguió:

—Es que quería pedirle...

No pudo continuar. El tendero le volvió bruscamente la espalda. Seis espaldas rompieron bruscamente el breve diálogo. Julio se encontró solo, en medio de la acera. Mientras el interpelado decía pomposamente a sus compinches:

—Ya se sabe... En cuanto uno sube, nunca faltan espontáneos... Este es alguno de mi pueblo... Pero yo no voy a estar a merced de cualquier pobre diablo.

Llamaba «subir» a haberse sentado en el último descansillo de la escalera por donde los comerciantes de ultramarinos ascendían al pináculo de la felicidad. Había pasado de mozo de almacén a dependiente segundo, y de segundo a primero; de primero a principal... y ya tenía tres sucursales: una en Sans, otra en Badalona y otra en San Feliu de Guíxols. Julio se había tropezado con un hombre elaborado concienzudamente a lo largo de las etapas consuetudinarias. No podía entorpecer una vida tan a prueba de regateos, partidas fallidas, porcentajes, créditos y rebajas.

Como si el súbito golpe de aquel desdén le hubiese arrojado de bruces contra su olvidada insignificancia social; como si aquella humillante lanzada hubiese abierto en él una brecha por donde se le saliesen todos los alambres que venían sosteniendo erguida su fe en sí mismo. Julio —¡pobre, mezquino pelele rojo y azul, a quien un tendero podía dar por no existente!— se encoge, se enrolla sobre sí mismo, como un gusano bajo la gran mole de piedra... Cabizbajo, arriada toda su gallardía juvenil, entra en el bar. Sordamente, como quien arrastra el peso de centurias, de milenios de esclavitud, va diciendo a Guillermina:

—Ahí tienes a un hombre que me acaba de dar una lección de vida. Me ha demostrado que, además del jamón y las alubias, se puede comprar también la inteligencia.

—La inteligencia y la hermosura, Julio.

—Antes los caballeros pagaban bien sus romances a

los trovadores; después los capitalistas comenzaron a comprar artículos de fondo a unos infelices... Hoy me ha tocado a mí. Estudiar toda mi vida, ¿para qué? Para poner mi inteligencia a las órdenes de cualquier salchichero que ni siquiera me paga. ¿Tiene algún valor la inteligencia? Cuando va embutida en paño de munición parece que baja mucho de precio... Seguramente, valor no es lo mismo que precio, pero ¿quién entiende esa diferencia?

—¡Mal te salió el viaje, pobre amigo!

De Julio apenas había nada en pie. Todo contraído, enroscado, quedó allí silencioso, junto a Guillermina, como un guiñapo, como un objeto perdido. Ella, mimosamente, le alentó:

—Anda, yo te convido. Cuéntame tu cosas. Estás temblando.

Julio habló, habló largo rato; fue poco a poco saliendo del foso de tan profunda humillación. ¡Verse pisoteado en medio de la calle por un analfabeto! Se iba el hecho creando mientras lo narraba Julio. Crecía en interés en la medida en que su cronista lo henchía de vehemencia. Entre la anécdota y él iba creciendo la distancia. Llegó un momento en que el menudo lance acabó de erguirse pleno, monumental, con vida propia, con todo un enorme contenido simbólico: ¡El dinero frente al espíritu! ¡La energía intelectual ante la fuerza bruta de una caja de caudales! Así un globo infantil –de los que regalan en las tiendas– podría convertirse en formidable zepelín si en él insuflase su descomunal aliento un monstruo. La inteligencia suele no producir los hechos, pero diabólicamente los transforma, juega a capricho con sus ideales dimensiones, manipula con ellos dejando desnudos, en su autopsia implacable, sentidos inesperados, fibras, raíces ocultas.

Se empezó a forjar el gran enemigo. Ya tenía algo de bulto con quien combatir, hacia quien dirigir sus juveniles ímpetus; un hecho trascendental. El trivial episodio del tendero iba invadiendo el primer término de la historia de Julio hasta constituir un capítulo gigantesco. ¿Acaso el filo que había de determinar las dos vertientes?

Julio volvió a hablar apasionadamente, seguido en silencio por la atención de Guillermina de ojos ya amansados por la derrota, de suaves manos que ya habían aprendido a entregarse a cualquier presión. El capítulo descomunal se desplazaba, de tan enorme, hacia la historia de la humanidad. Era muy pequeña la historia de un hombre, de un pobre soldado, para contenerse tal capítulo. Sin que el mismo Julio lo advirtiese, comenzó el mezquino episodio a henchirse de material humano. ¿Iba a representar una fase de la historia, una segunda vertiente de la historia universal?

Julio quedaba allá, olvidado entre un montón innumerable de anécdotas. No pasaba de ser un estudiante cualquiera utilizado para redactar *memorias* de sociedades mercantiles y *brindis* de ocasión... Pero ya, sobre todo minúsculo suceso, ¿no se cernía la enconada nube, nutrida de fluido a punto de estallar, espesa y negra, forjada por todos los corazones oprimidos del mundo? ¡Los corazones oprimidos del mundo, esos llagados corazones que de repente hacen suyo el dolor de toda la humanidad, temerosos de que, con sólo su dolor, no puedan conmover a nadie! ¿Quién creerá en cada uno de vosotros, cuando, para defender vuestra pequeña —a veces vergonzosa— llaga, os intentáis cubrir con el gran escudo heráclida donde se pintan hazañas que ya no son las vuestras? ¿Quién creerá en un hombre que se aprovecha del gran dolor humano para enlazar la inquietud que le causa cualquier picadura de esos vulgares mosquitos de la contradicción?

—De bien poco nos van a servir veinticinco siglos de cultura. ¡A ti para llegar a ser carne de placer; a mí para llegar a ser carne de cañón!

Y ya, muy aliviado, después de esta rotunda frase, salió del bar, seguido de la sumisa oyente. Que en la calle se despidió, diciéndole:

—Tengo que ir a la función de la tarde. ¿Nos veremos, Julio?

—Sí, nos veremos.

Julio, perdida su rigidez de muñeco de almacén, curvado sobre su propia idea, como sobre una llaga, recorrió precipitadamente el camino que le separaba de la casa de don Braulio. Subió a brincos la escalera, llamó a Pepe.

—Dame un ciento de proclamas.

El muchacho le miró, perplejo. Tenía delante a otro Julio.

—¿Qué te pasa?

—Y guárdame todos los días unas cuantas.

El adolescente no esperó más. Un minuto después entregó a Julio un sobre abultado.

—Mucha precaución... Te juegas la vida.

—No vale gran cosa. Un imbécil acaba de llenármela de barro.

III.
Invitación a la aventura

¿Quién podrá reconocer a Julio bajo su traje azul de mecánico, su gorra calada hasta las cejas y su pañuelo gris liado al cuello? El traje se lo había facilitado Pepe, y juntos venían a visitar al «preso político», que inútilmente aguardaba una definitiva resolución judicial. Otros muchos, como él, dependían allí de un «trámite»; pero el déspota dueño de los trámites podía a su antojo ensancharlos o reducirlos, complicarlos o simplificarlos. (El «trámite» es una anguila. Cuando creímos ya acabar con él se nos escurre, se nos escapa, dejándonos burlados, hundidos cada vez más en el pleito, en la cárcel, en cualquiera de esas salas de espera que la ley –en manos de un caprichoso– tiene siempre de reserva para sus pobres víctimas.)

Hundían la nariz entre los barrotes del locutorio, frente a la barba «apostólica» de don Braulio. Hablaban, al parecer, de cosas frívolas, pero en su lenguaje sibilino se filtraban órdenes de propaganda. Nadie podía darse cuenta de aquel diálogo cifrado, en que se substituían ágilmente valores como al plantear una ecuación. (Julio pensó entonces en la distancia que va del verbo latino «agere» al verbo latino «agitare»[89]. ¿Habría que decidirse por uno de los dos? ¿El «hecho» o su zarandeo? ¿Elaborar lentamente la nueva historia o dedicarse plenamente a sacudirla? ¿Podían fundirse en un sujeto ambos fenómenos?)

---

89 El primer verbo significa «hacer», y el segundo, «agitar».

La barba apostólica —en su décima etapa de reclusión— se iba tiñendo vagamente de blanco. Julio, incansable halcón de semejanzas, aplicó al conocimiento plástico de don Braulio todos los recuerdos de su adolescencia transcurrida entre pontífices barbudos, entre doctores de máxima respetabilidad... Don Braulio se parecía mucho a San León. O Quizá a San Clemente de Alejandría...[90.] Si podía darse crédito a los imagineros de Augusta Se ve que todos los propagandistas de cualquier religión nueva deben dar la mayor parte de sus lecciones en la cárcel. Si Julio entraba en el gremio —con barba o sin barba— tendría que resignarse a volver a las catacumbas, a recomenzar los cuadros primitivos de la Iglesia que mejor conocía. Porque la sal de la tierra siempre se elaboró en los sótanos: es preciso que alguien, con una argolla al pie, la arroje al aire por un tragaluz.

Salieron juntos los dos amigos. Se sentaron a beber en el jardinillo de un bar, y Julio escondió la cabeza entre las manos.

—¿En qué piensas? —le dijo Pepe.

—En nada. Me escondo. Acabo de ver a un ente que puede molestarnos. Olvidas que no voy de uniforme.

Entre dos árboles, junto a una mesa donde se veían restos de merienda, Guillermina, sobre las rodillas de un cabo, charlaba en voz alta, desafiando el pudor de los demás clientes. Algún camarero intentó rectificar aquel espectáculo, y los dos jóvenes, tambaleándose y blasfemando del código hosteleril, abandonaron el jardinillo. Guillermina pasó rozando a Julio, sin conocerle. Llevaba desnudo un hombro, brillantes los ojos, húmedos de vino

---

90   *San León* (391-461), nombrado obispo de Roma en 440, tuvo un papel crucial en la defensa de la ciudad frente a Atila, y también destacó como férreo defensor de la unidad de la Iglesia y enemigo de las herejías de su tiempo. Por su parte, *Clemente de Alejandría* (c. 150-c. 210) fue el primer miembro de la Iglesia de esa ciudad en recibir notoriedad, además de afamado maestro.

los labios. Se colgaba del brazo de su amante como fruta ya madura donde cualquiera podría saciar su apetito.

—Seguramente no trabaja en el *Chapí* –pensó Julio–. Es ya tarde y Guillermina no puede tenerse en pie. Ahora caerán los dos, como fardos, en cualquier cama...

Salieron. La tarde convidaba a abandonar en su regazo de oro tibio cualquier melancolía. Un negro pensamiento se haría en ella gris; el gris se haría allí rosado, azul... El placer extendía por todas partes sus brazos nerviosos, sus dedos retozones, cosquilleando a los desprevenidos transeúntes, atrayéndolos, sumergiéndolos en esas tinas de beatitud provisional que todo pueblo civilizado reparte estratégicamente por plazas y avenidas. Julio veía ir y venir a muchas gentes en busca de esos minutos de placer que él hoy no podía encontrar en los brazos de Rubí, porque Rubí estaría entonces sirviendo tazas de contenido indefinible en un cafetín del Paralelo.

Subió a casa de don Braulio. Recuperó su uniforme y salió en busca de un poco de silencio almacenado diariamente en una plazoleta de San Gervasio. Llevaba los bolsillos repletos de dinamita emocional y un cerebro amenazado por todas las hordas –que él llamaba entonces «ondas» cordiales. San León, San Clemente, don Braulio... Barbas grises, blancas, cenicientas, áureas. Un mundo de barbas, de sermones, de panfletos, de «trámites»... Ya entrada la noche regresó al cuartel.

＊

Sobre la mesa, cubierta con una manta de munición de las que, según el idioma del cuartel, ya habían alcanzado la «tercera vida», quedó el libro del servicio, un libro alargado donde se alinean los nombres de los que al día siguiente han de montar la guardia en las puertas y pasillos del cuartel, en la cárcel, en el vestíbulo del palacio del general; de los que al día siguiente han de entregarse a faenas de limpieza, de cocina, de compra... Libro petulante en donde se da categoría de «nombramiento» al hecho humilde de designar a un hombre para barrer el piso; en donde se clasifica el honor dividiéndolo en porciones sometidas a los artículos del régimen interior.

Primer honor: pasear hora tras hora, con un fusil sobre el hombro, por delante de una puerta; segundo honor: dar vueltas durante la noche, con un machete al cinto, por una sala donde duermen los camaradas... Luego, los otros honores: atizar fogones, barrer establos, fregar pisos, limpiar letrinas...

«La nitidez del honor militar –pensaba Julio desde la línea de camastros, hundido en el suyo, con un libro cerrado bajo el cabezal, ya entornados los ojos– está sujeta a una escala de servicios de tan dudosa honorabilidad que es muy difícil mantenerla intacta. Decir –este poeta lo dice– que lo más hermoso después de la inspiración es el sacrificio, después del artista el soldado, es decir una gran impertinencia. ¿Este poeta militar hablaba efectivamente del soldado? Nunca se habla del soldado, del último peldaño jerárquico; se habla del oficial, del jefe, del rey... «¡Soy el primer soldado de la Nación!», dice el rey ahuecando la voz. «¡Soy el último soldado de mi Patria!», dice cualquier general hipócritamente cuando le cuelgan al pecho uno de esos pedazos de metal que simbolizan cierto aumento de paga... ¡Comedias! Ellos no son soldados, son gentes que tienen por pedestal al soldado, que trepan por los muros de carne del soldado para resolver problemas económicos, problemas quizá de vanidad. A veces, sólo los primeros. Otros, apenas los segundos, y éstos son los más impertinentes: suelen ser vacíos aristócratas.»

(Este poeta –¿Quién no lo habrá ya adivinado?– es Alfredo de Vigny. ¿Por qué no reproducir aquí un fragmento del libro *Servidumbre y grandeza militares,* que dormitaba aquella noche bajo el cabezal de Julio?

«Las palabras de nuestro lenguaje militar tiene algunas veces perfecta exactitud de sentido. Es *servir* de verdad, *servir,* en efecto, lo que se hace, obedeciendo como mandando, en un ejército. Hay que lamentarse de tal servidumbre, pero es justo admirar a esos esclavos... La vida es triste, monótona, regular. Las horas marcadas por el tambor son tan sordas y tan sombrías como él. El andar y el gesto son uniformes como el traje. La vivacidad juvenil y la lentitud de la edad madura acaban por tomar el mismo paso, que viene a ser el aire del *arma.* El *arma* en que se *sirve* es el molde en que se arroja el carácter, y allí se cambia y se refunde hasta tomar una forma genérica, impresa para siempre. El Hombre se borra y queda el Soldado... La servidumbre militar es pesada e inflexible, como la máscara de hierro del prisionero sin nombre, y da a cuantos la sufren un rostro uniforme y frío... Así, el simple aspecto de un ejército delata que el hastío y el descontento son los rasgos generales del rostro militar. La fatiga agrega sus arrugas, el sol, sus tonos amarillos, y una vejez anticipada surca los rostros de treinta años. Sin embargo, una idea común a todos da con frecuencia a esa reunión de hombres serios un gran carácter de majestad, y esa idea es la *Abnegación.* La abnegación del guerrero es una cruz más pesada que la del martirio. Es preciso haberla llevado largo tiempo para conocer su grandeza y su peso...»

Pero el conde Alfredo de Vigny nos habla de un honor que no es precisamente el del soldado. Del soldado apenas conocía la epidermis. De él sólo podía hablar y escribir como aristócrata y como jefe, para quien los soldados son peones de ajedrez, para quien las unidades tácticas no se componen de hombres, sino de números, de brazos mecanizados que –en dos o tres tiempos– suben y bajan, rindiendo «honores» automáticos, los fríos honores que corresponden a un «honor» asimismo fríamente forjado con artículos de código.)[91]

El soldado de servicio paseó unos minutos a lo largo de la compañía; fue hacia la puerta, la abrió sin ruido, volvió a cerrarla, y, al fin, se sentó en el banco próximo a la mesa. Julio siguió entonces ávidamente todos los movimientos del soldado «imaginaria». Vio cómo abría el libro de servicio, cómo recogía un papel impreso, metido allí quién sabe cuándo; cómo empezó a leerlo, distraído... Era una de las hojas de don Braulio. Aparecían debajo de los cabezales, en las cartucheras, en los bolsillos de las guerreras. Se filtraban por las oficinas, en la correspondencia oficial, entre periódicos burgueses, entre revistas de propaganda religiosa. Llegaban misteriosamente, y misteriosamente eran leídas en rellanos, en las pausas del «ejercicio táctico», en las largas esperas de la guardia, en un rincón de la cantina, entre el vaso de vino y el pedazo de chorizo o bacalao. El reguerillo de pólvora mental iba trazando por todas partes su encendida línea quebrada.

Julio leía en la frente del soldado los reflejos de aquel zigzag. La luz daba de lleno en la cara del lector, le desnudaba músculo a músculo aquel rostro que tan inopinadamente chocaba con un cartel de desafío a los poderes

---

91 *Alfredo de Vigny* (1797-1863) publicó *Servidumbre y grandeza militar* en 1835. Jarnés cita el inicio del capítulo tercero del libro primero, titulado «De la servidumbre del soldado y de su carácter individual», según la traducción de Nicolás González-Ruiz publicada en 1921.

más firmes del Estado. Era un evangelio desconocido, del cual iba descifrando frase a frase. Primero, la arruga de la sorpresa; luego, un haz de pliegues donde se refugiaba, azorada, la atención que le inflamaba los ojos. Por último, una clara avidez por engullirse aquella línea quebrada, como el hombre de las verbenas se traga la estopa encendida. Julio no perdía de vista ninguna vibración de aquel rostro; creía ver en él la faz asombrada de toda una muchedumbre poco dispuesta para abrir paso a inquietudes. Vio cómo, transcurridos unos minutos de contradicción, de retrepamiento[92] para resistir el ataque, iba el soldado recuperando su normalidad amenazada, se le iba desplegando la frente y serenando los ojos, su crispación iba perdiendo rigidez. Llegó un momento en que alboreó en aquella cara, como después de una borrasca, en que le nació una sonrisa detrás del negro matorral de su bigote, una sonrisa que se le extendió por todo el rostro, que le subió hasta la frente, dejándosela toda teñida de luz.

«Ya se sabe. El primer empuje cualquiera puede resistirlo. Por eso resulta inútil la propaganda fulminante. Hay que ir filtrándola en la atención.»

Ahora el explosivo iba a desaparecer; le estaban cortando la mecha. Primero, en dos pedazos; luego, en cuatro, en ocho, en dieciséis; al fin, en trozos diminutos, en menuda nieve inofensiva. La llama se detenía allí, bajo el pisotón del «imaginaria». Que comenzó a extender sobre la mesa el contenido de un bolsillo, unas cartas resobadas, un lápiz, un retrato cuidadosamente embutido en un sobre, una carta flamante, recién llegada, quizá sólo una vez leída, en la que todo el rostro del soldado descansó como en un almohadón henchido de espumas, de algo fresco y salino que rezumaba el papel, que salpicaba de go-

---

92 *Retreparse:* Inclinarse hacia atrás.

titas de júbilo los ojos, la boca, el denso matorral negro del bigote.

Julio iba siguiendo los grados de placidez de aquel rostro. Desde su trinchera de sábanas de cartón verá subir de la carta a la frente un vaho fresco, delicioso. Las lindas tonterías de la carta comenzarán a cosquillear al soldado, pero ya con otra suerte de inquietud, con la dulce inquietud de la carne despierta, acariciada.

Luego, sobre la carta releída, un retrato de mujer. Oleadas que se detienen en un punto máximo de su ruta, donde van sumiéndose lentas en una laxitud gozosa, de nervios que dulcemente se relajan, en un largo embeleso que termina por la dulce congoja... Una imagen de mujer que se incrusta en la palma de la mano, que va situándose a distancias diversas, recorriendo espacios distintos hasta fijarse en uno, entre una luz y unos ojos, donde aguardar los homenajes últimos del sexo que jadea, que pierde las últimas amarras, que se hunde al fin en un delicioso vértigo... Y un último gesto de fatiga, como si leer aquella carta hubiese consumido la última reserva de atención; como si ya nada quedara por hacer en el mundo después de este saludo de toda la carne a la mujer querida.

Y todo, rostro de mujer, incoherentes palabras escritas, papeles de varias fechas, recuerdos de noches a la luz de la luna, de guitarras y de vino, de pañuelos floridos sobre senos temblorosos, hambrientos de la presión viril; todo fue sumiéndose en la cartera del soldado, en el bolsillo interior de la guerrera, y sólo quedo allí un número cualquiera de fila, aguardando la hora del relevo; un hombre por el que había resbalado una inquietud, donde había prendido la segunda hasta hacerle arder y consumirse. ¿Resbalado? Don Braulio solía decir: «Sembrar, aun sobre las mismas piedras. El que engendra sabe que de toda su semilla sólo ha de fructificar un grano. El apóstol sabe que de todas sus palabras sólo alguna prende...» Pero Julio era más impaciente. Comenzó a pensar en una legión de hombres decididos que acudiese a incendiar la cárcel, el almacén de comestibles del secretario tendero, todas las cárceles y todas las tiendas del mundo para repartir a todos los oprimidos pan y libertad... Y veía, indignado, que una carta, que un retrato de aldeana, podía derribar todos su proyectos; sus enemigos más tenaces tenían un campo, una calle, una ventana, un amor, cuanto en el mundo esclaviza... Pero en su cráneo –horno en llamas– se estaba forjando la «idea». No sabía cómo, nadie se atrevería a decirlo; porque, al fin, la «idea» se forja, como todo, a costa de bajo combustible inflamado, sobre una pasión que vergonzosamente se oculta, sobre una crispación cuya última causa pudorosamente se esconde. Una alta inquietud de renovación social, ¿cómo podría haberse elaborado por la combustión precipitada de unas palabras de tendero? ¡No! La «idea» nace cuando el viento del espíritu lo quiere. Julio rechazaba los orígenes de su magnífica decisión. Se le abrían de pronto los ojos ante un cartel encendido donde está escrito con fuego: «¡Justicia social!»

¿Quién había encendido la llama? La pregunta acabaría por no torturarle; acabaría por quedar arrinconada para siempre, sin contestación, como carta del amigo que nos prestó la primera cantidad para montar un negocio, que nos presentó la mujer que después fue nuestra amante. Porque de sobra conoce el mundo que en los cimientos de la construcción más luminosa hay una primera piedra obscura, sin tallar, tiznada, vergonzosa; de sobra conocemos todos que la más bella construcción mental descansa en la premisa inflamada de un ímpetu carnal, en una pasión, en un vicio, en un vil contacto con la tierra.

Le ardían las sienes. Todos los restos microscópicos de la hoja clandestina comenzaron a bailotear entre los hierros, sobre la mesa, alrededor de las bombillas, por encima de los camastros; iban creciendo: al principio fueron mariposas, luego papelitos de fumar, después cuartillas de las que usaba el capitán para escribir unos interminables artículos siempre rechazados en las redacciones; por fin, hojas de periódicos, grandes carteles en cuya cabecera se leía escrito con formidables letras rojas: «¡Justicia social!» Y las enormes hojas iban posándose sin ruido sobre cada rostro de durmiente, amparándolo, cobijándolo, uniformándolo. Un cosquilleo del papel hacía despertar a los soldados, que, sorprendidos, leían a coro la proclama, se erguían sobre los camastros, saltaban semidesnudos, lanzando llamas por los ojos, acudían en tropel al armero, empuñaban sendos fusiles, volvían a acostarse, escondiendo bajo las sábanas la proclama y el fusil. Julio, desde la fila, aplaudía sordamente. Los cañones asomaban su boca de acero sobre el cabezal; los oídos perseguían el rastro de un sable sobre las losas del patio; los ojos, las ideas y venidas del soldado «imaginaria». Se espesaba la impaciencia, la ansiedad. Las palabras de don Braulio hervían bajo todos los pechos: cuando se abriese la puerta estallarían los fusiles, las gargantas, los pechos; se proclamaría al minuto la ¡justicia social! Sólo un grito, sólo un disparo, una descarga, un cuartel en poder del oprimido, unos cañones apuntando hacia la calle, patrullas que —estratégicas— aguardan en las esquinas... Y la puerta de una tienda de ultramarinos que cae derribada a culatazos, cajas de embutidos abiertas en la calle, tropel de chiquillos que las rodean y las reparte, y en medio de la muchedumbre el tendero molido a golpes, ensangrentado, hecho jirones...

¡Ya está! El oficial asoma, seguido del «imaginaria». ¡Fuego! Todos los cañones apuntan al pecho, a la cabeza del teniente. Es indispensable una primera víctima. El cuartel quedará en poder de los lectores de don Braulio... ¿Por qué los cañones continúan silenciosos? Sólo se oyó el ruidillo del disparador fracasado... ¿Qué ocurrió? ¿Por qué los cañones vuelven tímidamente a esconderse? ¡No tenían cargadores! ¡Qué imbéciles! ¡No tenían plomo! Se habían olvidado las municiones... Pero aún es tiempo. Julio agita los brazos.

«¡Las municiones! ¡Las municiones!»

Se mueve furiosamente, arroja las mantas, va a arengar a los soldados antes de que el oficial escape; con los puños, grita, insulta, pugna por correr hacia las cartucheras de todos para distribuir los cargadores; alcanza una de ella... ¡Nada! Un retrato de la novia, unas cartas... ¿Y la pólvora del odio? En vez de cartuchos, un poco de aldea y de amor, un poco de ilusión cursi... ¿Cómo va a renovarse nada sin municiones? ¡Repartir, repartir esa pólvora! ¡Un tendero, otro tendero, muchos tenderos para distribuir cajas de municiones! Porque el oficial va a salir indemne; no disparó nadie; Julio ha olvidado el fusil; creyó que al jefe sólo le tocaba ordenar la descarga... O tal vez alguien espere aún la orden, alguien se habrá provisto del cargador... Julio grita:

—¡Fuego, fuego!

El teniente, riendo, se detiene ante la cama.

—Está soñando. Se cree en el campo de tiro.

—Sí, mi teniente.

—Cuidado con él. Se ha destapado, y la noche está muy fría. ¡Anda, tápalo bien!

En la puerta, el «imaginario» con el gorro en la mano,

despide al oficial de guardia, mientras Julio queda profundamente dormido.

*

Al día siguiente, el sorteo. Gran rebullicio en el cuartel. Iban llegando jefes en relación inversa a su categoría, todo por no perder un toque de corneta, una formación, sus honores.

Porque en el cuartel hay un honor y hay varios honores. El primero es difícil perderlo: hacen falta expedientes, procesos, una vida de crápula, una vida «de perdición», de perdición en general; pero, en cambio, los honores se pierden con gran facilidad: basta con llegar a cualquier acto unos minutos más tarde. Si el comandante llega detrás del teniente coronel, se queda sin su punto de corneta y sin su formación vestibular; el primero rebaña los honores del segundo; si quien primero llegó fue el coronel, el corneta da sus tres notas altas, solitarias, y todos los demás se quedan sin música y sin recepción en dos filas.

Aquella mañana al corneta no se le había perdonado ni una sola nota ni a los soldados de la guardia un solo ir y venir. En proporción ascendente al número de estrellas de ocho puntas, iban entrando los jefes en el cuartel; cuando llegó el máximo número de estrellas toda la comitiva se adelantó hasta el gran patio central y parte de ella se sentó detrás de una mesa cubierta por un tapete azul, parte se apiñó alrededor de ella. A ambos costados del patio se alineaban, sin armas, los soldados y clases. Iba a comenzar un sorteo para nutrir regimientos de África.

Un acto muy sencillo. El soldado, al oír su nombre, salía de las filas y de una cubeta extraía quizá su muerte, tal vez una pensión para su madre. También podía extraer la esperanza de continuar su servicio en la península.

El coronel, en pie, pronunció la arenga. No «una» arenga, sino «la» arenga. Ya se sabe que para aquellos graves momentos un jefe, desde tiempo inmemorial, debe tener a punto «la» arenga. Forma parte del *Reglamento táctico,* como forma parte de la *Religión del honor.* Es ley profesional. Por eso todos la escuchan tan atentos como distantes. La conocen, la aguardan. Unos jefes prefieren expelerla lentamente; otros se dan prisa; algunos le cuelgan unas cadenetas retóricas; otros la presentan desnuda, como un artículo del Código... Aquella mañana se presentó –felizmente– desnuda. Desnuda y rápida. Así que inmediatamente comenzó a agitarse la cubeta de entrañas asesinas. El primer soldado salió de las filas y se adelantó hacia la mesa presidencial; con una falsa sonrisa extrajo su bola...

¡El Rif! ¡Bola negra! Chumberas[93], espingardas[94], jaiques[95] terrosos, caras de barro y de ceniza agujereadas por dos brasas, por dos tragaluces para el odio. Todo cruzó rápidamente por las pupilas del soldado. Ante la baza fatal acentuó su falsa alegría, acumuló sus fuerzas en la boca, en la garganta, les imprimió una ruta consagrada, tradicional, que desviaba su verdadero aliento, pero subrayaba un artículo de la *Religión del honor.*

—¡Viva España!

El coronel sonrió satisfecho. El acto se celebraba con la solemnidad que «las circunstancias exigían» y sin desviarse un punto de la trayectoria marcada por las reales disposiciones.

Fueron apareciendo bolas. De pronto la voz del sargento hizo estremecer a Julio:

---

93 *Chumbera*: Planta cactácea con tallos aplastados, carnosos y hojas en forma de palas con espinas, cuyo fruto es el higo chumbo.
94 *Espingarda*: Cañón de artillería.
95 *Jaique*: vestido usado por las mujeres árabes.

—Julio Aznar.

Salió de la fila sin perder un segundo. Erguido, marcial, sereno, indiferente. Extrajo un número... ¡El Rif no reclamaba entonces la sangre de Julio! Erguido, marcial, sereno, indiferente, se restituyó al pelotón. No iría a Marruecos; pero tampoco los otros camaradas debían ir. Era urgente redactar nuevas hojas, hacer correr la sospecha de algaradas, producir una máxima efervescencia... Y en el mismo muelle, en el mismo muelle, si era preciso, al embarcar las tropas...

La gran orquesta del Rif comenzaba a nutrirse de instrumentos entresacados de toda la península. Uno de ellos iba a ser el violín de Arturo, con el mismo Arturo ya hundido de nuevo –holgadamente– en su uniforme. Con la mansedumbre peculiar a muchos hombres de elevada estatura, se resignó muy pronto a cambiar de trinchera. La del *Teatro Chapí* era también incómoda, si bien no ofrecía más peligros que algunas piernas defectuosas del coro y la impertinencia habitual del director de orquesta. A Arturo le molestaban por igual los errores anatómicos y la arbitrariedad de la batuta. En cambio, Julio, con peligro de algún juicio –y balazo– «sumarísimo» iba sembrando pimienta de rebelión entre los expedicionarios. Conocía la actitud de algunos grupos «avanzados» que intentaban promover un tumulto a la salida de los refuerzos. Don Braulio continuaba en la cárcel, pero sus camaradas habían circulado la sospecha de una posible manifestación en el muelle, apoyada eficazmente por todos los grupos «de avanzada». Julio vertía en los oídos de los más cobardes el veneno de la esperanza.

—¡No te preocupes! ¡Si no vais a poder embarcar! El país está ya cansado de sacrificios. ¿Veis lo del nueve? Pues aquello va a ser un número de feria comparado con esto.[96]

Arturo le atajaba:

—Te estás jugando la piel. No gastes bromas con ella.

—¡Sirvo a la humanidad!

Arturo se echó a reír.

—No seas tan vanidoso. Ahora sólo sirves al teniente Fernández, al capitán Gómez, al...

---

96   Nueva alusión a la «Semana Trágica» de Barcelona (del 25 de julio al 1 de agosto de 1909), en la que la decisión de Antonio Maura de enviar reservistas catalanes a África fue la mecha de unos enfrentamientos que pasaron a una huelga general. Todo ello derivó en una revuelta ciudadana de gran alcance que finalmente fue reprimida de manera brutal por las fuerzas del orden.

—Eres un burgués.

—Ni eso, amigo. Somos carne de cañón.

—La carne de cañón también piensa.

—Peor para ella. Sufrirá más. Si yo comenzase hoy a pensar, tendría dos zozobras. Déjame sólo con una. ¡Vamos a beber!

En la cantina una marea de gritos ocultaba el fondo sombrío de la pesadumbre general. Sólo algunos afortunados en el sorteo —más egoístas— se creían en el deber de ocultar su alegría empañándola de preocupación por la mala suerte de los otros... En aquel turbio recinto donde en apariencia sólo charlaban los vasos, las botellas, podía estudiarse un curso completo de idiomas del espíritu. La juventud uniformaba los diálogos —como el traje de campaña uniformaba los cuerpos—, pero una terrible inquietud lo iba resquebrajando todo, dejando ver por las grietas almas azoradas. Cuando Julio entró en la cantina alguien le arrojó a la cara —violentamente— una pregunta:

—Y tú, ¿por qué sabes que va a haber gresca en el muelle?

Quedó desconcertado. Balbuceó:

—Yo... Lo que saben todos.

—Pues los diarios nada traen.

—¿Cómo van a hablar de esas cosas? ¡Eres un estúpido!

Con un pretexto cualquiera, Arturo arrancó de allí a su camarada.

—Lo mejor es que vayas a la compañía a prepararte el equipo. O ponte a leer, y cuida con lo que lees: para eso tienes la *Ordenanza*. ¿Por qué no te haces cabo? Así verían en ti más apego al servicio.

—¿Yo?

—Tú. ¿Por qué no?

—Hay cosas más grandes que hacer en el mundo.

—Sí... ¡Redimirlo!

Lo dijo pomposamente, como desde una tribuna pública, acentuando con zumba irónica la frase. Julio se amoscó.

—¿No puedo hacer yo nada grande?

—Por lo pronto, aprende a hacer bien alguna cosa pequeña. Por ejemplo: zapatos, artículos de fondo, jaulas para grillos... Ya ves, yo toco el violín. Unas veces me entusiasmo con Debussy, otras me aburro con Chueca[97]; pero siempre es el violín quien me defiende de los altos pensamientos. Porque un alto pensamiento, cuando es irrealizable, descompone el espíritu, lo estira, lo descoyunta para la vida real, como a los personajes del Greco[98]; y —¡óyelo bien!— pone en ridículo al cuerpo liliputiense que lo encierra. El alto pensamiento que puede nimbar de luz una cabeza de general sólo corona de espinas a un soldado como tú, que monda patatas y evita la entrada de los golfos en el zaguán del cuartel. Tu empresa es mucho más humilde: vigilar los calabozos donde el alto pensamiento suele fermentar...

—Con hombres como tú...

—Ya sé que cuanto digo es pura cobardía; porque toda discreción en la edad de no tenerla es cobardía. Pero me da mucha pena que seas tú, precisamente...

—Tienes alma de jilguero.

—Con los trinos me gano modestamente el pan. Procura tú no tener alma de topo. Aquí no hay modo de conspirar. La policía está muy bien montada... Además,

---

97 Arturo contrapone la música innovadora de Claude Debussy (1862-1918) a la castiza del compositor Federico Chueca (1846-1908), que registró los mayores éxitos en el terreno de la zarzuela.

98 *El Greco*: Sobrenombre de Doménico Theotokópoulos (1541-1614), pintor español de origen cretense cuyos personajes generalmente se muestran alargados.

quien tiene alma de pájaro eres tú, que sabes elaborarte buenos nidos. Yo voy siempre de rama en rama.

—¿Lo dices por Rubí? ¿Llamas nido a un desván, a un catre roto, entre cacharros desportillados, esteras viejas, sillas desvencijadas?

—No sigas. En los desvanes suele ser más sabroso el amor.

—Es una opinión de ejecutante de *La Bohemia*... Además, ya perdí a esa mujer. La cambié por una chuleta de cerdo... ¡No, no pongas esa cara! Vosotros, con vuestra «armonía», todo lo creéis catalogado para siempre... Y no. El hambre –entérate bien– no reconoce jerarquías. El hambre es plena disonancia... No, no me mires así. Una tarde esperaba a Rubí, como siempre, en la esquina del taller donde trabaja, donde trabajaba esta primavera. Eran las seis. Faltaba una hora para salir y yo tenía un apetito horrible. Por evitarme la formación de la mañana había salido del cuartel muy temprano a llevar un pliego, y no había vuelto en todo el día... Sabía que el capitán no había de decirme nada. Anduve buscando libros; quería comprarme una mala edición de *El Capital* que vi en un puesto de lance... Pasó el mediodía. No había comido nada. Me sobraban unas dos pesetas, que guardaba para convidar a Rubí, pero el apetito crecía. No pude resistir el deseo de comer alguna cosa. Me senté a la puerta de un bar, y pedí una chuleta. Eran las seis, pero apenas había comenzado a hincar el diente en la chuleta cuando empezaron a salir operarias. Rubí salió a los cinco minutos... Yo, todo avergonzado, escondía la cara entre el pan y la carne, y seguí comiendo. Ella pasó casi rozándome; no me reconoció... Todo esto es ridículo, porque de pronto me di cuenta de que era sábado –por eso salían una hora antes– y Rubí acababa de cobrar, pero de ella, de ninguna mujer, nunca he querido sino amor, y aquella tarde estaba tan desmadejado que ni el amor hubiera podido tomar de ella. Devoré el condumio, hasta la última patata, y, cuando me levanté de la mesa, saciado apenas, comprendí que Rubí acababa de fallecer dentro de mí, dentro de mi estómago, rey absoluto, que acababa de destruir todo otro apetito. Comprendí entonces que el hambre —esa cosa antisocial, incomprensible para los que no lo padecen— lo justifica todo.

—Justificarlo, no. Explicarlo, tal vez. Aquél no eras ya tú. Era un pobre animalejo.

—Eso son matices insignificantes. Te digo que el hambre es el sumo dictador, y que los hombres que no atienden al hambre de los otros, son unos canallas.

—Más canallas son los que utilizan el hambre de los otros para nutrirse ellos bien... Y ese suele ser —lo fue siempre— el programa de los caudillos de masas.

—Eso no pasa de ser una calumnia; pero tú puedes hablarme como quieras, porque eres hombre de buena fe. Muchos tan leales como tú *nos* hacen falta.

Subrayó el *nos* tan gravemente que Arturo no pudo contener una sonrisa, entre irónica y paternal.

—Yo podré tener alma de jilguero, pero tú la tienes de bebé... ¡Ea! Vamos a instrumentar, como merece, tu grandioso tema del hambre, tan elocuentemente desarrollado.

—No te burles, Arturo. Es, no lo dudes, el gran tema, tan grande, que resulta imposible de orquestar. Es el gran tema de la humillante miseria humana.

—La pobreza dignifica.

—¿Quién habla aquí de la pobreza? Ellos pueden

ser... hasta bienaventurados[99], a los ojos de cualquier predicador iluso. Los pobres aún están en el orden. ¿Entiendes, Arturo? Los pobres aún están dentro del orden: pueden servir de tema sinfónico —supongo que estamos tomando a la sociedad por una orquesta—; pero los miserables, no. La pobreza es vecina de la miseria, pero ¡qué enorme distancia de una a otra! Yo lo sé, yo lo he leído...

—Lees demasiado. ¿Por qué lees tanto? Sólo te preocupan los libros, cuando no te roba el tiempo el amor... Trabaja. Eres inteligente. Trabaja.

—¿En qué? ¿No me ves en plena miseria, en plena carencia de todo? ¿Es que el Estado reconoce aptitudes? ¿No ves que sólo reconoce privilegios? ¿No ves que me falta lo más rudimentario, que me veo aquí —como muchos otros— náufrago dentro de este uniforme por no tener en el mundo quien me arroje un cable? Sin pasado, sin porvenir ninguno, ¿quieres que desprecie cualquier minuto de placer que pasa, por pequeño que sea —chuleta de cerdo, amor entre cachivaches o ediciones de papel de estraza— como si fuera el último? Tú no conoces la miseria, porque desde niño te enseñaron a ganarte la vida machacando teclas y rascando cuerdas. Vida pobre, pero honrada, como decís vosotros, los buenos burgueses fracasados. Estás dentro de la economía, como un buen acorde lo está dentro de la partitura; pero el miserable es una continua disonancia, no tiene «vida económica», como aún la tiene el pobre. Y todos los problemas económicos comienzan ahí, en esa diferencia. Yo lo sé, yo lo he leído... El miserable no puede, no debe reconocer ninguna batuta.

—¡Qué bien acoplas tus ideas a mi léxico profesional! Acaba.

---

99   Referencia al versículo de la Biblia «Bienaventurados los pobres de espíritu, porque de ellos es el reino de los cielos» (Mateo 5:3)

—El miserable, mientras permanezca en su miseria será un imbécil si reconoce jerarquías, si admite algo superior a él que no sea una ametralladora o un látigo. Puesto que la sociedad le puso al margen, desde allí debe arrojar sus piedras contra la sociedad.

—¡De poder a poder!

—Naturalmente. Como que el miserable es tanto como un rey absoluto. Son dos independencias extremas... Pero el miserable dura poco. En seguida le atrapa la sociedad y lo convierte en pobre, lo mete en la orquesta, atado de pies y manos.

—También suele ocurrir algo semejante con el líder. La sociedad le da un cargo público y lo convierte de apóstol en burgués. Pasa a formar parte de la charanga, alborote más a menos. Porque hay flautas y timbales, pero también hay oboes. Lo demás es ya cosa de la batuta que sabe arrancar susurros de las trompetas más agrias.

—Acepto tu ironía musical. Eres buen técnico.

—No sé nada, no leí nada; pero algo se aprende «de oído». Mi maestro es el violín, y en cualquier partitura se reproducen los conflictos sociales. Decía un amigo mío que todo cambio en la música se refleja en la constitución del Estado. Parece que lo había leído en Montesquieu[100]. Como la música fue la designada por los dioses para abemolar[101] el chirrido de los goznes, de las bisagras de todo engranaje humano; como la música es el divino lubricante que menos huele a vitalidad resentida, a animalidad en fiebre; como la música es lo más eficaz para hacer nulo —o rumoroso— cualquier roce, algo así como el supremo vaselinizador de toda aspereza interior o exterior del

---

100   Efectivamente, así lo afirma Charles de Secondat, Barón de Montesquieu (1689-1755) en su *Espíritu de las leyes*, (Libro IV, capítulo VIII), glosando una idea de Platón.

101   *Abemolar*: Suavizar.

hombre, es evidente que si una música va olvidando sus calidades de santa unción es porque la máquina social se resiste cada vez más, repele todo suave juego de palancas, prefiere la estridencia.

—¿Adónde me lleva tu elocuencia sin freno?

—Al *jazz-band*. Iba a decirte que no es mero capricho el que hoy se prefiere el *jazz-band*.

—No comprendo.

—Es muy sencillo. Tú hablabas de la actitud del miserable... Es un tópico. Yo quiero hablarte de climas, de tendencias colectivas. El miserable ha existido siempre –se nutre en el bosque virgen de la holgazanería–; pero lo que nos interesa es el estado general del espíritu, la meteorología común... Y yo te digo que, cuando se escucha con tanto deleite una ensalada de ruidos, probablemente será porque algo dentro de nosotros nos suena también a *jazz-band*; algo dentro de nosotros ha quebrantado una ley de armonía.

—Siempre hubo rebeldes.

—Pero quizá nunca tal «estado de rebeldía». Que no es lo mismo. Se da siempre el tífico, pero lo terrible es la epidemia del tifus. Y, hoy, ¿no vivimos en plena epidemia de disonancias? ¿No estamos amenazados de una parálisis general de articulaciones afectivas? La sociedad sigue funcionando, pero sus goznes rechinan cada vez más agriamente. Los instintos, por quienes todo se movió siempre en el mundo, van perdiendo esa música del alma por lo que todo gira con suavidad. Cuando los instintos se muevan totalmente restañados de ese divino aceite, los hombres volverán al estado salvaje.

—Las ideas tirarán de ellos hacia arriba.

—El pensamiento no eleva; menos mal si ilumina.

Solo el fluido cordial eleva, sólo la música de las almas, sólo el vehemente vino rojo que hace cantar al unísono... Y hoy, en todos los órdenes, muy en lo profundo, la sociedad va siendo corroída por un vinagre arrítmico... Por el resentimiento, por el odio.

—Entonces lo que la sociedad necesita es, en definitiva, un buen afinador, ¿no es eso? Naturalmente, esa es una opinión de alumno de armonía y composición. Sólo te gustan los buenos acordes.

—No, no te burles. Precisamente en buena técnica musical la disonancia es sólo aparente... Pero sucede que la apariencia es lo único visible por el hombre común, para quien la epidermis de las ideas y las cosas se engulle todo lo demás. Van detrás de una apariencia porque la presienten como símbolo de algo más firme, y ¿a qué empleado, a qué jefe de administración o mecanógrafa, lo mismo que al displicente *snob,* no le deleita ya ese general desequilibrio del pentagrama, esa *aparente* rotura de normas? Por eso se escribe esa música, porque se aplaude. Las modas se fabrican porque el cliente las exige. Tocamos así, porque se aplaude, y se aplaude porque hay algo dentro del oyente que le empuja a aplaudir... El nombre da lo mismo; lo que importa es el hecho. Y el hecho –¡tremendo, pavoroso!– puede, óyelo bien, enunciarse así: *Hoy, para todo el mundo, la indisciplina es ya un placer.*

—Siempre gustó la indisciplina, Arturo.

—Sí, excepcionalmente. Pero estoy hablando de *un síntoma general humano,* de una epidemia.

—Es una sed eterna de renovación.

—¡Tópico, hipertópico! No es eso. Es placer de sentirse en desequilibrio, de desentonar. Es la indisciplina por la indisciplina. El desorden, no como medio, sino como fin... Pero hay algo peor. Los instrumentos no tanto satisfacen hoy por la calidad de sus timbres como por la sorpresa de su loca irrupción en la partitura. No tanto se atiende al color justo de la personalidad sonora –eso es el timbre– como a las greñas, a los gritos, a las estridentes máscaras de bermellón con las que asoman por los boquetes de la sinfonía. Más a lo fácil y sobrevenido que a la substancia y a la dificultad... Y el día en que la orquesta social repudie los acentos personales y prefiera timbres colectivos, de irrupción más o menos audaz, el mundo, efectivamente, se convertirá en un *jazz-band*; dejarán de percibirse lo más bello del mundo: las diferencias.

—¡La igualdad ante la ley y ante la batuta! Es lo que buscamos.

—¡Infelices! El mundo –el material y el del espíritu– está montado sobre desigualdades. Pretender uniformar lo multiforme es destruirlo. Mira... –Y continuó hablando en tono de cautela; su voz iba disminuyendo gradualmente, hasta llegar al *pianissimo* de un experto conspirador–. Ahí tienes esos jefes y oficiales que acaban de salir de una de esas misteriosas reuniones que nunca figuran en la orden del Cuerpo... ¿Sabes qué traman?

—Lo sabe todo el mundo. Afianzar, robustecer sus juntas.

—Algo más doloroso: destruir el ejército. Rompen la disciplina, y el ejército se quebranta con la menor rotura. Es todo desigualdad, todo jerarquía, y cada junta supone establecer niveles, *resignaciones interiores del mando...*

—¡Sería terrible un *jazz-band* castrense! ¡Terrible y magnífico! Porque en él entraremos todos: su ejemplo no va a quedar estéril... Precisamente, hoy mismo he sabido...

La corneta, con su voz apremiante, ordenó atención.

Los soldados fueron saliendo precipitadamente de la cantina, llevándose residuos de merienda y de diálogo.

—¡La orden!

Se supo entonces que la expedición no embarcaría en Barcelona; que todas las fuerzas iban a regresar a Augusta, desde donde saldría el contingente destinado a Marruecos. Julio, al romper filas, deslizó en el oído de Arturo:

—Claro... Temían una gresca formidable.

—¿Qué sabes tú de eso?

Amoscado, desde su atalaya de conspirador, respondió a Arturo:

—Más de lo que tú piensas. ¿Crees que el pueblo va a consentir que España se desangre...?

—Silencio. Se acabó el mitin.

El corneta de la guardia había dado el toque de paseo. Todos los libres de servicio podían derramarse por la ciudad para despedirse de ella, unos de sus placeres, otros de sus tedios. Aquella tarde gran número de muchachas ensayarían la escena patética que da fin a una etapa de amor. No faltarían intimidades truncadas en la cuna, en plena madurez, en franco desmoronamiento... Según esta escala, los soldados –y todas las clases y oficiales– salían del cuartel con un acento de tristeza, de serenidad o de alegría en el rostro. Tenían ante sí un arma poderosa para decidir de la lucha con cualquier pasión: la lejanía. La lejanía que acaba de desmoronar una época, de precipitar otra, de intensificar las calidades místicas de la primera. El regimiento emprendería la marcha seguido de un ejército de suspiros... Y por otro de blasfemias de acreedores.

Los dos amigos salían juntos, como en la primera tarde. Pero no se despidieron como entonces en la Diagonal, sino que siguieron juntos hasta el teatro Chapí,

donde Arturo recogería su violín y confirmaría sus pro-
mesas de amor eterno a la quinta muchacha del coro –izquierda del espectador–. Julio preguntó por Guillermina.

—Hace algunos días que no viene –contestó Arturo.
¿Y Rubí?

—Hace algunos días que no voy –contestó Julio, sonrojado–. Me debo a *la causa*.

—¿A qué causa?

—Sólo hay una.

—¿La de don Braulio?

—La de la Humanidad.

—¡Ah!

Arturo le miró infantilmente. No comprendía bien
aquella travesura tan solemne. Para él constituía una
locura el solo intento de hacer felices o mejores a los
hombres. El mundo estaba tan sólidamente construido que
intentar desmoronarlo para edificar sobre las ruinas era –
fatalmente– signo de demencia. Por su parte, él había inclinado su cerviz ante el destino que le empujaba a tocar
el flautín en las calles de Melilla. No podía quejarse,
porque inmediatamente, según sus últimas noticias, iba a
ser agregado a la banda de una unidad expedicionaria.
Dispararía risueñas y marciales fusas en vez de plomo
asesino; seguiría en el mejor de los mundos posibles, en el
de los tangos y pasodobles, donde un idioma universal
enlaza a todos los hombres y, a veces, los cambia de plano,
los zarandea en el aire, les hace creer en un mundo más
ancho... Aunque acerca de la exaltación humana por la
música de viento, Arturo, fragmento de orquesta, tenía sus
dudas. Creía en un solo instrumento mágico: el violín. Los
demás eran... humildes servidores del pentagrama. Algunos de ellos podrían hacer marchar gallardamente pero

nunca perder el pie, sumergirse en el azul, volar, naufragar en el dulce golfo sonoro.

—¡La cuerda, sólo la cuerda puede elevar a los hombres!– había dicho alguna vez a Julio, sin reparar en tan lamentable chiste–. El resoplido del metal empuja siempre en sentido paralelo a la tierra; sólo sirve para hacer mover los pies, no las almas.

Tenía ideas de violinista, porque su instrumento era el violín. En cambio, Julio, sin instrumento conocido, mucho menos preferido, no podía tener ideas «profesionales» – ideas exactas, particulares, útiles, en camino de cotización– . Sólo podía contar con el acervo de ideas generales que lo mismo son capaces de forjar la vida gloriosa de un genio que la vida obscura de un mediocre.

—Una idea general no sirve para nada –le decía Arturo–. Son los juguetes baratos del holgazán o del rentista, cuando ambos no andan juntos; nosotros, hombres del trabajo, no podemos permitirnos ciertos lujos mentales. Sí, hay que tener ideas de inmediato consumo, artículos de primera necesidad. Yo conozco el solfeo, un poco de armonía y composición; es lo que necesito para hacer frente a la vida; si pierdo el tiempo enfrascándome en otras ideas, por ejemplo, en la de hacer felices a los hombres, comenzaré por ser yo un desdichado. Al violín me atengo, y ahora al flautín, para así no hacer servicios de parapeto.

Sacaba de quicio a Julio, que acababa por decir:

—Eres un cochino burgués. Peor aún, aspirante a burgués.

—Por uno como yo puede Rubí seguir viviendo. No, no te pongas colorado... ¿Es que creías que con sólo ideas generales puede comprarse un par de medias? A la humanidad tal vez le baste, porque la humanidad no vive;

sólo viven los hombres, éste, aquel hombre, ésta, aquella mujer. A la humanidad, tal vez; porque al fin es una entidad abstracta que puede nutrirse con minutas de abstracciones; pero ese hombre, aquella mujer... ¿Por qué no te dedicas, con tanto talento como tienes, a hacer feliz a Rubí? No quisiste ser muñeco de las dos Cecilias, pero Rubí podría serlo tuyo.

—Déjame. Voy a despedirme de ella. Necesito estar sereno.

—Por última vez, Julio. Cambia la humanidad por los hombres, cambia a don Braulio por Rubí. Haz feliz a alguien, no intentes hacer feliz a todos.

*

Cuando entró en el café donde Rubí trabajaba, sintió la alegría del buen carcelero que descorre los cerrojos de una mazmorra donde duerme un inocente. Iba a devolver su plena libertad a un amor; Rubí podría desde entonces disponer de su espíritu como ya disponía de su carne. Punto final a un amor. ¿Para qué exasperarlo –o aburrirlo– con ausencias interminables?

Solía entrar con mucha precaución para evitar que Rubí mutilase, con grave perjuicio de la empresa, sus sonrisas profesionales. (Nunca hubiese faltado algún cliente puntilloso que hubiese hecho constar su calidad de buen pagador de unas sonrisas tan inherentes al café como los terrones de azúcar.) Pero aquella tarde cruzó rápidamente el vestíbulo, como quien a no teme el estrépito de un diálogo sorprendido, de una bandeja caída, de unos brazos detenidos en plena faena de ceñirse a unos flancos. Entró sin cautela alguna, provocando en Rubí un bosquejo de exclamación... Porque entonces acababa de ceder su seno izquierdo a las presiones de un viajante, su revoltoso seno izquierdo que palpitaba con excesiva inquietud bajo la blusa. El viajante miró –ceñudo– al soldado interruptor; Rubí –ante las miradas agresivas de un fragmento de empresa que vigilaba desde la trastienda– continuó adherida al galante explorador; Julio, desde su rincón, presenció, sonrojado, aquel drama económico.

—¡La propina o yo! –reflexionaba–. No hay duda. Me está venciendo una propina.

Y arguyó estoicamente:

—Por mí, que le ceda el otro seno.

Pasó algún tiempo. El viajante mostraba sus sortijas a Rubí. Julio acabó de beber su coñac y se levantó para salir. En la puerta le alcanzó la camarera.

—¿Te has enfadado? Ese tipo se va a marchar.

—Y yo también.

La despedida duró apenas tres minutos. Cuando se separaron, los dos se sintieron más ágiles; como unos mendigos que logran desprenderse de sus harapos, de unos harapos bajo los cuales, en pleno invierno, sintieron juntos un poco de fiebre, un cálido refugio que –al llegar la primavera– se convierte en pesadumbre.

Era muy divertido el espectáculo de aquel hombre convertido en ménsula[102]. Abrazado a la maceta de geranios rosa, o con ella sobre los muslos, un soldado rollizo, extremadamente rollizo, parecía haber desertado de uno de esos cuadros rurales, a lo Millet[103], en que un gañán siente de pronto, y hondamente, la poesía de una flor de romero, de un surco rasgado «en las entrañas de la madre tierra», como todo buen pastor-poeta suele hacer constar en endecasílabos.

Todo el vagón había concentrado sus miradas en aquel hombre obeso y bajito que en las marchas quedaba siempre atrás, jadeando, resoplando, entre blasfemias y chacotas. El correaje torturaba sus curvas opulentas, la dotación de municiones le aplastaba, el máuser era en sus manos un trasto inútil, puesto que padecía un temblor excepcional cuando la culata le rozaba las mejillas. Por eso, al formar el regimiento para volver a Augusta, el capitán le había dejado libre de muchos kilogramos de peso reglamentario y, en lugar del equipo, y para que su viaje no fuese inútil y excesivamente cómodo, le había encomendado el transporte de una macetita.

Un transporte escrupulosamente maternal, como el de un niño de pecho, sin ningún abandono, sin ninguna negligencia... La macetita de geranios rosa debía permanecer constantemente en brazos del jadeante mozo hasta llegar a la nueva ventana, al nuevo idílico alféizar.

Porque aquella maceta no era un tarro de arcilla cualquiera, pintado de verde, soporte de una plantita cursi; aquella maceta era un símbolo. La vida del capitán se había concentrado muchas noches en aquellas rosadas flores, primero disparada desde una acera; más tarde, desde un

---

102 *Ménsula*: Elemento que sobresale de una pared para sostener algo.
103 La pintura de Jean François Millet (1814-1876) destaca por sus escenas de campesinos y granjeros, así en los famosos cuadros *Las espigadoras* (1848) o el *Ángelus* (1857-1859).

lecho voluptuoso; por fin, desde un fosco despacho. El capitán nunca perdió de vista aquella maceta posada en su alféizar, desde donde caían besos y pétalos; conseguida la mano y el resto del cuerpo de una lozana descendiente de opulentos rentistas –con piano y romanzas de Tosti[104]–, continuó viendo la maceta en sus horas de fatiga conyugal, cuando la mente recobra sus derechos y exige su ración de faena contemplativa, cuando el lecho –como antes la acera– se convierte en potro; la siguió viendo más tarde cuando, después de comprobada la asistencia clandestina a *cabarets* de la admiradora de Tosti, fue preciso abrir entre los cónyuges una distancia acomodada a los imperativos del honor.

Aquel geranio guardaba en su corola los folios innumerables de un proceso vital, amorosamente cifrados allí, guardados al detalle bajo la bandolera del capitán, en lo más profundo de su pecho lacerado. Solemnemente, los compañeros habían decidido que la infiel se alejase, pero no podían decidir de la suerte de un símbolo, del destino de la maceta; y allí persistía, ahora en brazos del jadeante mozo, soportando un pedrisco espiritual de espesos chistes.

En un extremo del vagón, Julio y Arturo seguían preocupándose de los problemas generales de la Humanidad, perdiéndose –según costumbre de todo apóstol– las bellezas de cualquier grupo humano en plena fiebre. En aquel mismo departamento hubieran podido enriquecerse sus experiencias. Se juntaban allí dos suertes de hombres, unos –más afortunados– que iban a guarnecer Augusta, y otros –más infelices– que habían de embarcar para Marruecos. Podía en seguida verse que los futuros héroes mantenían a todo trance en la boca una hipócrita sonrisa,

---

104 *Francesco Paolo Tosti*: (1846-1916) compositor y maestro de música nacido en Italia, luego radicado en Inglaterra. Recordado por sus canciones livianas y expresivas, súmamente pegadizas y sentimentales, muy populares en su época como «música de salón».

mientras los otros simulaban cierta desazón, cierta melancolía. Los unos, por pudor, escondían su júbilo bajo densas capas de inquietud. ¡Gran comedia, en la que ni unos ni otros se decidían a presentar su intimidad al desnudo! El miedo –la cobardía– busca entre muchos disfraces aquel que más puede despistar; y uno de ellos es la indiferencia, aunque también puede serlo el arrojo, el llamado heroísmo, vértigo afortunado, pánico feliz, del que habla despejado el camino... (Porque el camino menos peligroso fue siempre avanzar contra el enemigo, según tantas veces se escribió; se escribió –naturalmente– por los cobardes teoréticos.) Nadie podría señalar allí –si no es cambiando los síntomas– al soldado cuya misión había de ser vigilar un blocao o al que tranquilamente guarnecería una tranquila explanada de cuartel provinciano.

Había una excepción: Arturo. Porque el segundo violinista del *Chapí* no iba a defender parapetos ni explanadas, sino a interpretar fáciles partituras, en campamento, vivac o plaza pública. Las flautas son neutrales. Agregado a una banda, Arturo tomaría parte en las derrotas con una marcha fúnebre, y en los triunfos, con un garboso pasodoble. Adoptaría un *tempo lento* o un gracioso *andante,* según la temperatura del cuartel general. La suya era siempre la misma del pentagrama. Emboscado en una *plana mayor,* aguardaría en la ciudad –Melilla, Ceuta, Larache...– órdenes especiales para cambiar de fiebre.

La noche adelantaba, las charlas iban extenuándose, del vino de las cantimploras apenas quedaban posos, las cabezas iban cayendo sobre la boca de los fusiles hecha cojín por las manos superpuestas; la maceta del geranio rosa se había incrustado entre los muslos de su macizo –y ya cabeceante– guardián; las ventanillas eran otras tantas atalayas en soledad, ellas cuya conquista, al comenzar el viaje, provocó tantos conflictos como puede provocar en un desierto el último sorbo de agua.

También Arturo se rindió al sueño, aunque después de algunas —inútiles— defensas, y Julio quedó completamente solo. Soledad de la que sólo disfrutó algunos minutos, porque en seguida dio el toque de llamada a un pelotón de imágenes... Quien primero acudió —a esta hora de recapitular una etapa extendida entre dos viajes de tercera— fue Guillermina, con su aire tristón de hembra sin éxito, de humorística sirena. Meses antes habían salido juntos de Augusta; hoy Julio regresaba sin conocer el paradero de su amiga —que días antes, con las huestes de alguna lamentable compañía de zarzuela, habría huido del paralelo.

¡Cruel destino el de aquellas piernas delgadas, disonantes! ¡Más le valiera no haber nacido, o haber nacido con un cerebro de ganso, pero con piernas de Afrodita! Su mente había fraguado un minucioso programa de vida perfecta, que las piernas habían torcido al nacer tan imperfectas. ¿Por qué no contó con ellas? ¿No sabía que a la hora de una plena desnudez habían de derrumbar cualquier proyecto?

Julio, infantilmente, seguía manoseando su ironía como quien juega con menudos alfileres. Cuando le cansó el juego, hizo llegar a Rubí... La veía en la calle de Balmes, el primer día de aquella incoherente vida de recluta, de peón rojo y azul que una tarde estrenó un rítmico dinamismo donde se prendieron los ojos de Rubí, abiertos alegremente a cualquier juventud prometedora. ¡Qué diferencia entre aquella imagen de Rubí en la calle, entre muros recién pintados, bañada de sol, mecida por el viento, y aquella otra Rubí sumergida en un desván, entre sillas desvencijadas, espejos rotos, mesas cojas y paredes hechas jirones! Rubí en la calle era el tema principal de una sinfonía ejecutada por una banda reluciente y jovial; en aquel sotabanco era un medroso tema juvenil malamente ejecutado por acordeones de ciego.

¡Las casas de placer son tan caras! Era preciso buscar el amor en sus reductos más humildes, en un desván, donde la claridad de Rubí desnuda se empañaba, llegaba a desvanecerse, por carencia de todo subrayado. Era una claridad sin contrastes, mezclada turbiamente a lo más gris, a lo más ausente de todo cromatismo. Rubí, guiño luminoso en la calle, acento agudo en la acera, pulso vivaz de una tarde de sol, era allí un bulto apagado, mortecino, lamentable.

¿Y el amor? ¡El amor es algo más que centellas de deseo —apagadas entre tanta ceniza—; es una exaltación imposible de avivar entre despojos, entre desmoronados cachivaches! El amor es más tirano: pide blandos cojines donde reclinar sus ensueños, y cuando no le dan un poco de dulzura, muere, se entrega resignado a la costumbre, le cede sus derechos a continuar la farsa de un deleite... Entre los miserables apenas hay amor, sólo hay miedo a quedarse solos, cierto afán por refugiarse en la turbia animalidad, por hundirse en la embriaguez de un vino cuya delicia no les es posible paladear, gozarlo lentamente, en vasos diáfanos, de los que ya, por sí mismos, son otro placer. Julio imaginaba el amor como cierta complicada estructura donde el goce sensual fuese ofrecido a la vez por todos sus elementos. Un amor donde los ojos, donde el olfato, donde todos los sentidos no percibiesen totales armonías de colores, de sonidos, de líneas, ¿cómo podía llamarse plenamente amor?

Para Julio, la desnudez de una hembra sólo podía ser cierto tema de primer término en una complicada partitura viva. Y en aquel séptimo piso tenía que ser toda la música vital, cuando ni siquiera podía llegar a ser ella misma, porque lo circundante le restaba claridad, gracia plástica... Julio recordaba aquel diván florecido de estopa... ¡Cómo surgían las irónicas entrañas de aquel malaventurado vientre, rasgado por el tiempo y la miseria, aplastado entonces por dos pobres vehemencias que consumían allí, precipitadas, friolentas, su mendrugo de placer!

Julio soñaba a Rubí desnuda sobre muelles praderas, acariciada por campanillas azules, al son de esquilas y trinos de ruiseñor. O sobre lechos de terciopelo, como en Tiziano, acariciado por áureas lloviznas luminosas...[105] Y la había dejado en el quicio de una puerta, a pocos pasos de un hombre que le había pedido la tarifa... El último beso fue tan definitivo, señaló con tal vehemencia el punto final de aquel amor, que, al separarse, ninguno de los dos pensó más en reanudarlo. ¿Para qué seguir un amor tan raquítico, sin otro estímulo que apagar transitorias crispaciones, hecho de solos ímpetus? ¡El amor es tantas otras cosas! ¡Su perdurabilidad exige tanto mimo! Lo mejor era convertirlo en solo recuerdo, situarlo allá lejos, en un rincón de juventud, y desde cualquier cima feliz enviarle generosas expediciones de color, de gracia radiante, de suavidades y dulzuras que nunca tuvo; lo mejor era dejarlo allí, en un hueco del tiempo, en su mismo desván, pero trocando la ceniza en granos de oro, insuflándole chorros de sol, descompuesto en joviales verdes y naranjas; lo mejor era recrearlo desde cualquier etapa serena, conservarlo allí,

---

105   Jarnés hace mención al famoso cuadro de Tiziano (1490-1576) *Dánae recibiendo la lluvia de oro,* expuesto en el Museo del Prado, donde el dios Zeus metamorfoseado en lluvia dorada cae sobre la bella Dánae con intención de poseerla.

en su fanal limpio de grises, incrustado en los casilleros del aire, inmóvil, cristalino, hecho puro esquema, restañado de toda pobre circunstancia.

Se fue borrando la última imagen bajo la lechosa esponja del alba. El tren había saludado militarmente al día. El cornetín invitaba al desayuno. En una estación aguardaban, tiritando, unos soldados en torno a un caldero humeante.

Algunos soldados no bajaron, prefirieron seguir durmiendo sobre el dorso de las manos agarrotadas alrededor del fusil. Arturo bajó a desentumecerse. Estaba pálido como recién salido de una bacanal de ensueños.

—Figúrate que soñaba...

Tres huríes[106] le aguardaban en el muelle. Cuando él salió del agua, las tres se le arrojaron encima; le arrebataron el uniforme, le dejaron totalmente desnudo...

—Sueñas con una fantasía oriental para violín y piano.

Cuando el tren reanudó la marcha, el paisaje se fue desnudando de sus densas neblinas. La mañana iba extendiendo lentamente sus antiguos primores. En una explanada caliza, en un páramo, apenas moteado de aliagas, desenrolló vanidosamente el tapiz grana donde traía bordado el sol. Las nubes, al huir en desbandada, agitaron el aire. Frescas ráfagas se filtraron por las ventanillas, bañando las frentes abatidas del grupo de soldados. Algunos rumiaban las palabras de un ensueño. Cuando el sol se desprendió de su tela grana, desparramándose por el campo, Julio se adelantó a arrebatarle sus primeras caricias.

La enorme esponja del alba borraba las últimas imágenes —invasiones del día yerto en el día naciente—. También la locomotora se detuvo a engullirse el desayuno, recobró el empuje, arrastró a los soldados —entre silbidos

---

106 *Huríes*: Según el Corán, bellísimas mujeres creadas para ser compañeras de los bienaventurados en el paraíso.

y jadeos– por anchas planicies mudas. A veces trazaba una perpendicular en un senderillo que tímidamente se filtraba por un terraplén, aparecía más allá, lleno de guijarros, sin árboles, sin geometría, entregado a un capricho, retorcido, enroscado a las lomas, zigzagueante por los bancales de cebada, de centeno, o libre en los páramos desnudos, sólo minerales donde apenas vagabundeaba una ontina[107], un cardo silvestre, algún tomillo. Y por el senderillo solía cruzar, soñoliento, un ente borroso, negro y ceniza, acaso partido en dos por una faja morada, ceñido a las sienes un pañuelo azul.

Julio seguía con los ojos el camino de aquel labriego, que se despertaba al amanecer para hincar su reja a dos o tres kilómetros del pueblo, mutilando la noche para exprimir del día hasta la última gota de luz, hasta el último grano del tiempo.

«Once, doce, trece horas de esfuerzo –pensaba Julio–, y de esfuerzo auténtico, no de ese esfuerzo hipócrita del empleado que consulta durante horas un legajo sin apenas fijar en él los ojos.»

El labriego se iba haciendo pequeñito, se escondía tras un ribazo, desaparecía para siempre en una hondonada, en el recodo de una loma. Julio seguía aquella yunta, no ya con los ojos, sino con el pensamiento, llenando de imágenes –que él tomaba por ideas– aquel surco humano. Y, en medio del camino, con los puños en alto, plegada la frente por la cólera, se alzaba don Braulio.

—¡Míralo! –decía–. ¡Aquí lo tienes! Ahora no canta, pero más tarde romperá a cantar, a embozar en música sus tristeza de siglos. Nosotros preparamos su libertad. Somos la escuadrilla que planea sobre estos infelices condenados

---

107 *Ontina*: denominación genérica empleada en la provincia de Aragón para designar un conjunto de especies de plantas bajas silvestres propias de los terrenos desérticos.

a luchar con esta humilde y desangrada tierra... No te detengas, Julio, a gozar de su canto; sino a pesar su tragedia, a medir el arco que su espalda describe sobre el terruño...

¡No, no se detendría jamás a contemplar auroras ni a deleitarse con voces desgreñadas por el viento, mecidas por una ráfaga insensible a todos los matices dramáticos! Cada copla sería ya para Julio un lamento, no una vehemencia rimada. Nunca paladearía ya de los hombres y las cosas su inútil belleza, sino su amargo sinsentido, su trágico sentido. El campo desde hoy sería un verdugo, el infeliz gañán un reo.

El tren dejó atrás el páramo; ahora se hunde suavemente en una hondonada. Un llano rojizo y verde, de innumerables tonos verdes. La luz va clasificándolos, jerarquizándolos, empapándolos con su tierno zumo de oro. El aire está quieto. El sol ha disuelto la imagen de don Braulio; perezosamente resbala por los tiernos bancales, por los vivaces rojos que hacen de la vega un formidable tablero de ajedrez para juegos de luz. La tierra se esponja ya bajo los azadones. El sol inicia su primera escaramuza con los chopos. Todo tiembla, busca la forma de su primer saludo a la mañana. Hay como una suave congoja en todo el campo, como un sordo jadeo por encontrar su mejor palabra. Está el arco tenso, y no tarda en romperse. De pronto, rumbo a las nubes, una copla asciende verticalmente. Audaz, viril. Allá arriba se enrosca. La melodía bosqueja un caracol, graciosas volutas. Después –fino surtidor– se derrama en el aire. (No, no. Julio nunca escuchará ya otra voz que la voz que gime. Hay que proclamar sobre la tierra el imperio de lo justo; rehabilitar al perpetuo condenado...) El llano verde y rojo ha encontrado su voz. Como llega de tan hondo, la perpendicular se mantiene

firme –como la palma– durante un buen trayecto. Luego
se restituye al campo. Es una prolongación del mozo que
la canta. Si esta línea recta –porque la jota es una perpendicular al campo– prefiriese ondular, quebrarse en ara-
bescos fáciles, la jota dejaría de existir[108]. O se convertiría
en una resabiada canción más, en una mezcla de ruda y
emotiva salud de aldea con enfermizos, con pícaros injertos ciudadanos... (Nunca, nunca pensar en los hombres
y en sus gestos sino con intención de arrancarlos de sus an-
tiguas argollas. Nunca pensar en el campo como un fácil
manantial lírico, sino como un difícil problema económico...) Porque no es lo mismo la jota en el campo que
la jota en la ciudad. La jota en el campo es ante todo expresión de un sobrante de energía, mientras otras canciones populares comienzan por ser expresión de una flaqueza, la canción popular aragonesa comienza por ser una
afirmación de robustez. Por eso su dirección es rectilínea.
Su actitud es la de saltarse los obstáculos, no la de reptar
bajo ellos. También la actitud del aragonés es la de brin-
carse las tapias, no la de buscarse un recodo. Sí, esto lo
mismo puede ser tenacidad que puede ser obstinación,
pero es siempre señal de salud anímica, de espléndida vitalidad. La jota lleva consigo estas calidades. No importa
saber quién la trajo, o quién la inventó. Sólo importa saber
que es el mejor vehículo del sentimiento aragonés, de la
actitud aragonesa ante la vida, su más clara expresión precisamente en el campo donde brota desnuda de inten-
ciones, espontánea y libre. Sin guitarra que la subraye, sin
ventanas que la hagan estremecer, sin otras gargantas que
la envuelvan, que la mutilen con sus intervenciones. En la
rondalla pierde la jota independencia y agilidad. El can-
tador va a conseguir una sonrisa o un campeonato. Ya no

---

108 *Jota*: Copla popular propia de Aragón.

es entonces la copla expresión de un sobrante de energía, sino de una voluntad de dominio. Si en el campo de la canción se desparrama en el aire, en el pueblo se recoge buscando una ventana. O un pecho de rival. En el campo es un jadeo estilizado, en la calle puede llegar a ser un enconado reto. O un trivial piropo. Porque este mismo gañán por quien hoy respira líricamente el campo, por quien el tablero verde y rojo revela un sentido musical, cuando más tarde, en la rondalla, siga cantando sus coplas, ya no será el campo quien le invite, sino el amigo y la mujer; ya no serán el aire y el sol dóciles instrumentos de donde arranquen todas las notas armónicas de la auténtica melodía, sino el grupo de camaradas mal entrenados, haces de cuerdas disonantes. Y si todo es acorde, si todo está dispuesto para que surja la copla, es señal de que la expresión libre y espontánea se ha convertido en espectáculo. Entonces apenas hay ya diferencia entre la calle y el tablado. La jota comienza a traducirse a idiomas zarzueleros o a idiomas desconocidos que la jota no comprende, en los que nunca podrá legítimamente expresarse. A idiomas individuales caprichosos en que la jota deja de ser una forma y pasa a ser un pretexto. La jota es expresión de un alma colectiva... (Pero el fantasma de don Braulio irrumpe de nuevo en el aire rubio y cálido: «¡No! ¡El hombre que sufre no piensa en sutilizar sus jadeos! No es el canto la expresión de la humanidad que sufre, sino el grito, la blasfemia, el reto. Es preciso enseñar a los hombres el bronco idioma del odio...» Julio se rehace, se restaña los ojos de su vaga neblina, en un supremo esfuerzo logra hincar de nuevo su atención en la voz de don Braulio. ¡El odio! ¿Es preciso odiar, odiar? Sí, él lo ha leído. El mundo está diabólicamente construido; tan diabólicamente, que no podemos querer plenamente una cosa sin vernos precisados a odiar otras muchas. ¡El odio! Gasolina indispensable para que el artilugio redentor, siga sus caminos subterráneos, hasta que, alguna vez, pueda imperar el sol.) Sí, la jota en el campo es ante todo expresión de un sobrante de energía. Tan profunda, tan escondida a veces, que más parece la copla un brote vegetal, un vivaracho retoño de cualquier álamo, un chorro de savia lírica que salta de la rama... (Aprender a odiar, aprender a odiar. Porque de otro modo los hombres no podrán nunca redimirse. Repeler el contacto de unos, buscar el de otros...)

Estremecido, pasea por su mente ideas de hielo, cortantes, afiladas. El sol ha bruñido el último fantasma, pero en el cerebro de Julio prende la negra consigna: *¡Es preciso odiar! ¡Es indispensable, si queremos traer la justicia a los hombres!* Lo demás son misticismos inútiles, poesía falaz. Sólo quien se siente un gusano en el corazón puede retorcerse contra las gentes que dominan la tierra. Sólo quien ha gustado zumos ácidos puede empapar su idioma de acritud... Busquemos aquellos hombres en cuya historia hay un oculto roedor. Ellos serán nuestros proveedores de odio. Sólo quien odia puede revolverse contra el orden. Lo demás son construcciones mentales. Quien pone en marcha la máquina es el odio. ¿Habrá que aprender a odiar?

«Esta es mi pesadumbre –piensa Julio–. He mirado hacia el campo, y sólo he podido ver en él armonías. No llevo la disonancia conmigo. ¡Quizá no soy de estos tiempos! Lo mismo me ocurrió siempre; en todo vi su perfil más risueño, también el más vital, aquello en lo que todo se superpone a su propio desmoronamiento. Sé que el dolor está detrás de todo, pero ni en mí mismo lo siento o sólo siento aquella parte de él que da a la armonía...

¿Cómo voy a poder sentirlo en los demás? Si algo, al pasar, me roza y ante lo brusco del choque reacciono airadamente, ¡todo queda en fogata de virutas! Me asombra a mí mismo tanta capacidad de olvido... o de desprecio. Me burlo de mi propio anecdotario trágico. Presiento que voy a ser inútil a la causa de los desheredados, que es también la mía. ¿Para qué montar la fábrica, sin fluido? ¡Y ese fluido es el odio! Sólo él puede empujar a la acción, porque el hambre, cuando no abruma, sólo produce una fugaz corriente. ¿Empuja el odio o el afán de cotizarlo? ¡Bah, prefiero odiar de veras a poner mi odio en venta!»

*

En el andén formó –desmadejado, lacio– el regimiento. La banda empezó a recomponer los muelles, a vigorizar las válvulas. Cuando la tropa cruzó el puente, ya había recuperado su habitual gallardía.

Ningún recuerdo salió al encuentro de Julio, ninguno asomó la cabeza por aquel pretil que había asistido a la liquidación de una adolescencia. Cuando salió de Augusta, meses antes, entró en el mundo con un periódico de la noche por todo equipaje; hoy regresaba con un equipo completo de ideas de don Braulio. Había salido solo y sin rumbo; regresaba entre ciento, con el rumbo bien marcado por el cabo de gastadores. Un rumbo provisional, mientras adquiría el fluido necesario para poner en marcha sus elementos de ofensiva contra «la vieja y desquebrajada sociedad». ¿Cómo iban a salirle al encuentro restos momificados de otras épocas, si él llevaba en germen la vida futura del mundo?

Se salía de Augusta por una ancha avenida que desembocaba en un canal; se torcía a la izquierda, por una calle silenciosa, coqueteril, hecha de edificaciones presumidas donde el arquitecto, como los malos pianistas, había esparcido caprichosamente «notas de color»; se llegaba a una breve explanada donde, sobre unas mesas manchadas de vino, se jugaba al mus. Un mugriento juego de rana[109] iba también agrupando clientes. Al borde de la explanada, la «tienda de vinos y licores»; una escalerita para subir a la terraza, otra para bajar a un sótano.

En el sótano, los conjurados. Primero, los bastidores de la realidad, llenos de sol y de broncos ruidos de motocicletas y camiones; después, un obscuro escenario donde se estaba ensayando el drama de la revolución. Iba entrando uno a uno, o por parejas; primero jugaban a la rana, piropeaban a la doméstica, bebían vasos de vino o de cerveza, aguardaban un minuto de extrema inquietud entre los jugadores o de vaga visión entre los bebedores y se hundían por escotillón[110]. Nadie podía saber si entraron o salieron. Nadie, ni ellos mismos. ¿Efectivamente, salían de la realidad o entraban en ella? ¿Cuál era el drama, el de la estupidez colectiva, el de la negligencia o necedad de los hombres del vino, del mus y de la rana, o el de aquellos otros que allá abajo –alrededor de una mesa cruzada de naipes– decidían la «redención» de los de arriba? ¿Cuál era la verdadera vida, el tejido de absurdos renunciamientos a la posesión del mundo, la victoria de lo inconsciente, de lo incoherente sobre todo propósito racional, o los turbios ensueños de poder, o los vagos afanes de justicia social mezclados con un irrefrenable deseo de desquite?

Esto de ensayar «el drama de la revolución» se le había ocurrido a Julio mientras bajaba los peldaños de la cueva,

---

109 *Rana*: Juego tradicional de lanzamiento de precisión, en el que se lanzan diez fichas que deben introducirse en diversos orificios de una mesa con una figura metálica en forma de rana.

110 *Escotillón*: Puerta o trampa en el suelo.

aparentemente convertida en garito. (Porque las autoridades perdonarían siempre que se jugase con los naipes, pero jamás con las ideas. «Una baraja bien manipulada puede producir un suicidio individual, el *Manifiesto Comunista* puede producir el caos» –pensarían las autoridades–. Por eso, todas las señales externas del conciliábulo eran inofensivas para la vida social, aunque fuesen venenosas para el individuo suelto.) A Julio pocas veces solía presentársele de frente ninguna realidad, por eso aquella conjuración entre cuyas mallas iba poco a poco replegándose, continuaba siendo para él un ensayo de tragedia, imposible de representar ante el gran público, tan entregado aún a las fuerzas inertes, llamadas en Augusta –como en el resto del mundo– «vivas».

Se lo tragó la cueva, como en el teatro se lo tragaba aquel boquete por donde salían y entraban los diablos del tenedor descomunal. Tres días antes un camarada le había dicho:

–Ya nos hemos enterado. Enhorabuena. No dejes de ir el jueves a *La Chavola*. Hay reunión. Ya nos figurábamos que también en Barcelona...

Julio iba a contestar rotundamente: «¡No! No confiéis en Barcelona. No hay allí nada organizado... Yo no hice nada. Nadie hizo nada...» Pero se contuvo. Además hubiese sido inútil querer atajar la vehemencia de aquel hombre. ¿Y cómo aparecer medroso? Ahora, ya instalado en el sótano, ante un vaso de vino y un montoncillo de naipes, aguardaba el desarrollo del plan. A la cabecera, con la gravedad de un Bismarck[111], el cabo Ramírez, en tono muy grave, como de quien decide de los destinos de una raza, comenzó a hablar:

–Compañeros...

---

111 *Bismarck*: Otto von Bismarck (1815-1898), estadista y militar, artífice de la unificación alemana y famoso por su determinación.

Y comenzaron a danzar entre sus nerviosos dedos compañías de fusiles, cañones, huelgas generales, consignas, ametralladoras, planos, cordones de tropas rojas, pasquines, cierres de fábricas, ejecuciones, bandos... Cada naipe era un regimiento; cada vaso, un cuartel...

—El plan está perfectamente estudiado. Una vez cortadas las comunicaciones, una batería por la calle de don Ramiro, dos compañías toman el pretil... Si en Valencia y Barcelona...

Su voz va adquiriendo un timbre extraño, se le va despersonalizando, desprendiendo de aquella boca en línea recta, sin relieve, sin sensualidad, ejecutiva, abierta en la superficie de un rostro frío, imperioso, inexorable. Una boca donde los besos de un amante no hallarían nada cálido, nada curvo, nada voluptuoso. Boca para el mando, para la frase breve, incisiva, cortante, que allí se iba afilando lentamente para la hora de empujar catastróficamente a los demás. ¿Cómo pudo instalarse allí, en aquella tremenda silla desde donde podía arrastrar voluntades, poner a hervir cerebros, remover a capricho inquietudes, resentimientos, odios? Aquella voz iba engullendo los más leves ruidos, los de arriba y abajo, los que producían las piernas nerviosas bajo la mesa y los que producían arriba los vasos al chocar, la rana al resbalar por su menudo escotillón, los más lejanos del tranvía o de algún coche. Su voz había paralizado todos los movimientos, todas las palpitaciones. Todas las miradas eran radios de una circunferencia cuyo centro era aquella boca fría, como suele ser siempre la que determina incendios. Su voz reparte a Augusta en parcelas, como el caudillo que −racionalmente− quiere hacerla suya. «Si se colocan dos cañones en esta esquina, y una sección de infantería al fin de esta calle... Si una compañía da la vuelta por aquel paseo, y cubre el frente de aquella plaza...» Geometría estratégica que, bosquejada ahora con naipes, puede hincar sus plomos en lo más resistente del corazón de la ciudad. Puede pasar de un juego a otro, catastróficamente... Y cuando se habla de una ejecución, de la ejecución inevitable, tiemblan un poco las palabras, como las del poeta que tropezó con la metáfora decisiva del soneto, con la cima del poema.

Julio está temblando. ¿Cómo pudo aquel hombre agrupar a estos otros, hablarles de situar cañones, de repartir caballos, de ejecutar sentencias...? ¡Locos, completamente locos! Permanecen allí absortos, pendientes de la diabólica voz, de aquella boca helada que les va inflamando, de aquellos labios enjutos que van cortando amarras, definiendo, limitando, hundiéndose en la carne social hasta señalar en ella, con líneas sangrientas, nuevas demarcaciones, nuevas jerarquías.

He aquí invertida la escala: un cabo, el último peldaño, convertido en primero; la nota más baja convertida en *do de pecho*... ¡Transfigurado en oro aquel grana de los pobres galones! ¡Hecho entorchado el más sencillo distintivo!

Porque así es. Los soldados están asistiendo, estupefactos, a una transfiguración. Aquellas bocamangas ya no están teñidas de rojo, la triple garra de sangre se ciñe ahora a las gargantas de los tiranos; en las bocamangas del caudillo se posa —radiante, recién bruñido— el oro. ¿En verdad aquella voz diabólica transformará las jerarquías, volverá del revés los colores, hará añicos los códigos, pondrá la escala boca abajo?

Hay un instante en que alguien hablaría, en que alguien —tal vez el mismo Julio— lanzaría sobre los naipes con que aquellos hombres se están jugando la vida, una palabra equilibrada, un pedazo de hielo de razón; pero ¿quién no comprende que en ello le va algo más que la vida: un título de cobarde? Y calla, deja que aquellos hombres sueñen con místicos lazos que desde Barcelona, desde Valencia, desde Madrid, desde todo el mundo, les unen fuertemente a la humanidad que sufre; deja que estos hombres sigan paladeando la infantil idea de fusiones cordiales, no de fusiones económicas. ¿Cómo decirles que antes de hacer vibrar una caja torácica es preciso hacer vibrar una caja de caudales? ¿Que sólo bolsillos amenazados o bolsillos exhaustos hacen hoy temblar la tierra?

De pronto, algo cómico, grotesco. Entre una frase así: «...por la dificultad del municionamiento, se ha de procurar que el tren de combate...», el pedrusco insólito de esta otra:

—¡El tres de copas!

Y todos agarran un puñado de naipes. Arriba se oyó el ruido de un sable, de un sable que corta súbitamente el plan de campaña. Todos los ojos –angustiados– se vuelven hacia la escalera.

—¡El sargento de vigilancia, seguramente!

—¡Quiá!

Nadie aparece. Resurgen todos los ruidos. Se oye de nuevo resbalar la rana por la pequeña rampa; se oyen chocar los vasos, descorchar las botellas de cerveza, gritos de chiquillos, el rodar lejano del tranvía, el tintineo del cobre, el chasquido de algún duro en la piedra de toque... Entre ellos se desvanece el del roce del sable, se pierde entre ellos como un tímido redoble de caja en una orquesta. La serenidad vuelve a los conjurados.

—¡Buena está la vigilancia! –dicen, respirando satisfechos.

Ellos saben que el servicio se realiza así: el oficial de cada cuerpo se presenta al general para recibir órdenes y desde entonces comisiona al sargento para que, en caso de «novedad» vaya a avisarle al casino; el sargento, a su vez, comisiona a los cabos, y los cabos, incapaces de seguir transmitiendo comisiones, suelen encerrarse en un prostíbulo o en un bar donde transcurre apaciblemente la tarde. Luego se da «conocimiento» al sargento de que no ha ocurrido nada, y el sargento lo da al oficial quien, a su vez, lo da al jefe de día; hasta que el jefe de día se presenta al general, diciendo solemnemente:

—Sin novedad, mi general.

Y en efecto, sólo ha ocurrido una, al parecer insignificante: la de haberse tramado la muerte del general.

No pudo continuarse el conciliábulo. Alguien dijo:

—Se hace tarde. Es hora de la lista.

—Podemos ir saliendo –dijo el cabo–. Pasado mañana, a las siete, en *El Diamante*. Turno de Guillermina.

Julio se quedó atrás. Fueron saliendo todos con aire indiferente, como de jugadores que se han quedado «en paz». Ramírez salió el último, y Julio le insinuó, a mitad de la escalera:

—Oye... Pero ¿tú tienes noticias exactas de lo que pasa en las guarniciones de Valencia y Barcelona? Porque yo dudo mucho de que...

El cabo le miró sorprendido, y –bruscamente– replicó:

—¡Hay mucho entusiasmo! ¡Mucho entusiasmo!

—Lo creo. Pero quizá eso no baste. ¿Y *La Unión General,* y la guarnición de Madrid?

—Habrá huelga general. Todo el proletariado estará con nosotros, naturalmente.

—¿Naturalmente? Es posible.

—Si comenzamos así, nunca podremos hacer nada práctico –atajó Ramírez, secamente.

—Bien.

Iba a decir: «Bien, mi general», pero se contuvo. Tal vez aquella mente saturada de proyectos tácticos era incapaz de dejar un resquicio al humorismo, como sucedió siempre a los más acreditados déspotas... Salió tras él, en silencio. Arriba, se iba extinguiendo la tarde. Algunas muchachas recorrían aquel barrio extremo de la ciudad dejándose perseguir por sus novios. Los dos amigos pasaban por entre grupos de ambos sexos. Iban meditabundos, como abrumados por una misteriosa responsabilidad. En Ramírez era una responsabilidad creada por turbios afanes de desquite; en Julio se estaba fraguando lo que creía su deber de «racionalizar» toda violencia, de encauzar la próxima, tan incoherente... Apenas hablaron hasta llegar a un quiosco donde llamaron a Ramírez.

—Ven, voy a presentarte a Pepe Cuevas. Es de los nuestros, ¿sabes?

Asomó un rostro inexpresivo, borrado por unas gafas, tallado en piedra gris.

—¿Qué hay por Barcelona?

Julio se vio obligado a resumir una estadística de inquietudes que apenas conocía. Apeló a las vagas síntesis.

—Un malestar como nunca.

—Sí. Esto no puede continuar.

—No. No puede continuar.

Y Pepe Cuevas tomó la palabra en nombre de las clases menesterosas. Todos los últimos artículos de fondo de su establecimiento fueron vertiendo allí su gota de amargura. Era un extracto de la prensa afín, porque Pepe Cuevas era el primer consumidor de sus propios géneros. Julio veía asomar por un extremo de la frase a Pablo Iglesias[112], por el otro a Antonio Zozaya[113]. Todos mutilados, mezclados los términos, desconchadas las imágenes, rotos los hilos... Si el pueblo hablaba por ellos, nunca faltaría un revendedor de sus ideas que desdibujaría el sentir del pueblo.

—Porque la tiranía es una rémora de la emancipación proletaria... El hombre no es una máquina inconsciente al servicio de los patronos...

Pepe Cuevas, desde su ventanilla del quiosco, distribuía a los dos amigos todos sus ahorros mentales, sin advertir el peligro de que aquellas tres cabezas, tan cargadas de electricidad reivindicadora, si acaso se juntaban, pudiesen hacer saltar la chispa. Componían un racimo sospechoso que ninguna vigilancia oficial habría de destruir, porque la vigilancia oficial de aquellos días se aplicaba –con toda meticulosidad– a faenas decorativas. Pretendía conseguir que todos los soldados llevasen bien puestos los guantes. ¿Por qué tener en cuenta la compostura interior, suscitándose a diario tantos graves problemas de indumentaria? Un general de intuición nunca bien aplaudida se dedicaba entonces al estudio de los meteoros en relación con las polainas de la tropa. Cada mañana oteaba el firmamento, hasta descubrir alguna nubecilla que al momento planteaba en el despacho oficial el gran problema de ordenar poner o quitar las polainas. El tiempo, tan voluble, llenaba de zozobra al general. Los guantes, las polainas, la perpendicular que trazaba el bombillo del ros[114], eran otros tantos escollos donde podría fracasar el más experto mando.

---

112 *Pablo Iglesias*: Político español (1850-1925), fundador del Partido Socialista Obrero Español (PSOE).
113 *Antonio Zozaya*: Periodista español (1859-1943), fundador de Izquierda Republicana.
114 *Bombillo del ros*: el «ros» es el gorro militar de la época, llamado así en honor del general Ros de Olano quien lo introdujo en 1855; el «bombillo» es el canuto de bronce labrado que sirve para sostener erguida el penacho de plumas. Se sostenía al frente del ros mediante una presilla, lo que le daba cierto juego, por eso la preocupación por mantenerlo bien vertical.

Las tres cabezas iban formando una piña más compacta. Un nimbo de vientres y hombros desnudos rodeaba a los tres cráneos, un nimbo de mujeres pintadas cuya muda y voluptuosa invitación al transeúnte alternaba con el clarín ascético de los periódicos de extrema izquierda. Eran dos fraternales extremismos –carne y espíritu en llamas– que frecuentemente adoptaban formas balbucientes, en el terreno de la plástica y en el de la sociología. La desnudez de los cuerpos femeninos solía ser tan poco apetecible como la desnudez espiritual de tantos mal retribuidos apóstoles de la pluma.

Por fin, aquel monstruo de triple cabeza se deshizo. Julio y Ramírez se encaminaron al cuartel; Pepe Cuevas comenzó a recibir los paquetes de periódicos de Madrid: nuevas remesas de inquietud, leña abundante, pasto encendido. Desde allí, casi todas las noches, el reguero de pólvora zigzagueaba por la calle hasta sumirse en *El Diamante,* donde prendía en Guillermina y en su «turno».

*

¿Por qué caminos había llegado al *Diamante* Guillermina?

Había quedado cesante en cierta desventurada compañía de zarzuela que recorría los pueblos. Un embarazo impertinente –al pasar por cerca de Augusta– había destruido el ritmo plástico de aquel vientre cuyas dos columnas –como ya es sabido– se resentían de falta de seducción. Al concluir el doloroso conflicto cósmico, Guillermina decidió no arrostrar de nuevo las implacables baterías eléctricas, y limitarse a atmósferas de luz más suave, más piadosa. *El Diamante* le acogió bondadosamente, y allí reanudó sus éxitos de sirena, puesto que sólo sentada ejercía sus funciones de fascinar. Los senos firmes, la boca sabiamente pintada, conseguían éxitos poco frecuentes en aquel bar, frecuentemente confiado a mujeres de madurez tan acreditada como su escasa propensión a la virtud.

Cuando el viernes vio llegar a Julio se adelantó a recibirle:

—Tengo carta de Arturo. Es dichoso. Dice que en el Rif se está preparando una magnífica cosecha de héroes. Y que él se está prostituyendo musicalmente, porque sólo toca marchas y tangos. ¿Sabías que estaba yo aquí?

—No. Sólo me dijeron que no seguías en el teatro.

—Mi abuela me echó de casa.

—Lo creo. Una familia... honorable no podía permitir el escándalo de mantener una sirena.

—¡Aún recuerdas mi debut!

—Tu debut y la historia de toda tu vida. El fracaso de un instrumento de seducción te fue adiestrando los otros. Has nacido para sacar fuera el pecho y aguzar bien las pupilas, como ahora... Mereces sobresaliente en artes de seducir.

—Sí, ya sé que mi honor valdría mucho más si pudiese ofrecérselo entre dos piernas bien torneadas. ¡Qué le voy a hacer!

—Cultivar el resto. Aprende a sonreír mejor. Sigues haciendo muecas.

—Cuando se tiene en las entrañas...

Volvía a su viejo tema. En las entrañas tenía un niño y un fracaso. La imperfección de sus extremidades inferiores, con todas sus consecuencias: eso era lo que a Guillermina le arañaba en las entrañas; como Pepe Cuevas llevaba allí su fracaso de escritor y Ramírez el suyo de cadete. Cultivadores de su agria levadura personal, ¿podrían realizar cosa alguna que no estuviese envenenada?

Guillermina era una cómplice astuta. Nadie podría suponer que en *El Diamante,* mezcladas al cante flamenco y al vino mixtificado, pudieran germinar las semillas de una revolución social. Aquellos orondos terratenientes que, cruzado el abdomen por formidables cadenas de oro, acudían a sentarse en el turno de Guillermina, ignoraban que, detrás de aquella sabrosa boca —cuyo mohín displicente se reiteraba ante cualquier insinuación— estaba fraguándose un discurso nutrido de los más acreditados tópicos. Acudían a sentarse —según el magno tópico— «sobre el volcán».

Aquella noche Guillermina, como una de esas figuras que —en los monumentos públicos— llevan en brazos a los mártires, oprimía contra su pecho —a izquierda y derecha— a los ilustres caudillos de la futura epopeya; los abrazaba, ya de antemano vencidos, aunque por la vehemencia del vino y del cuerpo radiante de la antigua sirena. Para ellos el amor y el laurel, la copa de vino y el zumo rojo de los labios.

Al oído, muy al oído, lo que parecía frase de amor, era sencillamente, una consigna: era una frase de odio. De odio al primer empresario ante quien Guillermina se ofreció desnuda; de odio a todos aquellos orondos terratenientes que, cualquier noche, habían contribuido a repetir aquella desnudez; de odio a todos los brazos holgazanes, a todos los sexos sin precio, a todas las piernas irreprochables; de odio a todo lo divino, por quien los tiranos no rectifican su arbitrariedad, a todo lo humano cuya cobardía es germen de nueva opresiones; de odio al cielo y a la tierra, al amor y a la hermosura.

Se acercaba el toque de retreta. Los soldados fueron desalojando *El Diamante.* Poco después eran sustituidos por clientes de más altura económica. Guillermina se sentó en los muslos de un comisionista de trigo que solía exhibir todas las noches su cartera. El comisionista recibió aquella noche –furtivamente– el beso de Judas. Acababa Guillermina de decretar, apasionada:

—¡El primero que cae es ese canalla!...

El canalla había llegado, exhibiendo –implacablemente– su cartera, mientras Guillermina le mostraba el fácil camino de sus senos. La noche transcurrió aburridamente.

El polvorín estaba situado a pocos kilómetros de Augusta, en una loma desnuda, muy próxima a la gran extensión ondulante que ocupa el cementerio. Detrás, rala vegetación, cimas en traje anacorético, con anchos boquetes rojos por donde asomaban las vísceras de la tierra.

Desde la breve planicie donde se sentaba el polvorín, podían irse viendo y enumerando todos los atropellos que un grupo de escultores habían ido cometiendo con esas altas concepciones que aun suelen utilizarse para alivio de almas estranguladas o a medio estrangular por el dolor. La «eternidad», la «paz eterna», el «recuerdo»…, todo cuanto de sutil e impalpable se adquiere en el comercio de las ideas puras, podía verse allí representado por curvos y celestes efebos, vestidos o a medio vestir, entornados los ojos o abiertos hacia las nubes. La piedra adquiriría en ellos turbias expresiones simbólicas, se transfiguraba en laurel y en concepto metafísico; alineaban a lo largo de las avenidas sus productos de gran pastelería fúnebre; se refugiaba, a veces, en el arte; cubría algunas sepulturas con sencillas lápidas, sin ningún retórico ademán.

Era uno de los días más breves del año. Julio veía apagarse entre los brazos del viento, la blancura de las losas, el presumido torso de algún concepto puro convertido en doncel melancólico, en «ángel del dolor». Aun relumbró un instante el oro falso, la plata desvaída de las piñas, de los grumos que remataban algunas verjas; pero no tardó en borrarse todo esguince presumido y sumirse en una oleada gris donde apenas flotaban —como tablas en un naufragio— los rectángulos grises de algunas lápidas más recientes.

De la ciudad llegaba un murmullo sordo, que rasgaban bruscamente los tranvías, los autos, con sus timbres, con sus bocinas. Las escasas luces apenas servían para marcar las avenidas, los caminos; el cementerio iba encerrándose en esa verdadera paz que en vano persigue durante el día; las tabernas del contorno cerraban sus puertas al cierzo que amenazaba en los recodos con puñales invisibles. La noche iba a ganar un campeonato de negrura, porque apenas quedaban estrellas que resistiesen la sombría avalancha de las nubes, y la luna dilataba su aparición hasta el amanecer. Aunque los elementos no estaban conjurados para hacer más tétrico el drama. Con ningún poderoso elemento –divino o humano– contaba la sedición. En la ingenua trama sólo tomaban parte hilos febles que un fino tijeretazo podía destruir.

Julio, sentado en una banqueta, frente al día agonizante, releía una carta de Arturo.

«... y soy feliz, porque nunca me falta un duro y una boca de mujer. Doy lección de música a las hijas del coronel, y ¡qué discípulas, Julio! En una, la delgadez ha sabido detenerse en el punto preciso donde cada músculo sólo ofrece el relieve exacto para no perjudicar la escultura total. Sin ninguna concurrencia de impertinente grasa, sin ninguna articulación apuntada con exceso. Tú conoces bien mi eterno afán de armonía, sobre todo en la orquesta y en el cuerpo de las muchachas. Mi discípula de veintidós años –la segunda es una adolescente– conoce muy bien el arte de licenciar cualquier localización adiposa... He podido darme cuenta de los éxitos conseguidos en la región mamaria y –¿por qué ocultarlo?– en la región abdominal: he podido comprobar sus maravillas de estrategia, plenas armonizaciones que nunca pudo lograr la Pompadour y mucho menos Betsabé[115,] la infiel capitana que tú y yo tan

---

115 *Jeanne-Antoinette Poisson, marquesa de Pompadour* (1721-1764), fue una de las más célebres amantes del rey Luis XV. *Betsabé* fue según el Antiguo Testamento la esposa de Uriah el hitita, al que engañó con el rey David. Ambas son modelo de mujeres bellas y bien proporcionadas.

bien conocemos. Repito –¡oh, joven disonante!– que adoro la armonía. En el pentagrama y en las muchachas en flor...»

¿Cómo es posible ser, llegar a ser feliz? –pensaba Julio–. Seguramente es un tipo de hombre distinto al mío. Quizá nosotros, los hombres de la inquietud, en espera de un mundo mejor no sabemos ver éste. Él se atiene al mundo como dato que ya no se discute; nosotros sólo vemos en él un problema, algo eternamente discutible, en devenir. Habrá que repetir las palabras de nuestro profesor: «¡Heráclito: eres un asesino! ¡Nos has destruido el mundo presente sin ofrecernos otro mejor! Sin la divina gracia...»[116] Pero esta divina gracia, ¿no resulta mucho más discutible que el mundo?

—¡Julio! ¡Julio!

—¿Tú? ¿Qué ocurre?

Guillermina había salido de las sombras, como una euménide. Era una negra mole de astracán, rematada por unos menudos pies color de cuero y una gorrita gris: la *Agrupación de Comisionistas de Trigo,* donde tenía bien echadas sus redes, la había decorado con cierta generosidad.

—¡Es horrible! ¡Quieren hacerlo esta noche!

—Eso es imposible. Faltan noticias de todas las guarniciones. Será un golpe en falso. Mañana nos fusilan a todos. ¡Están dementes!

—¡Sí, están dementes! Pero no pueden volverse atrás... Tú ¿qué vas a hacer aquí? Porque ya se cuenta con eso. Precisamente adelantan el movimiento porque estáis de servicio los principales. ¡Debes tomar el mando del polvorín!

—¿Yo?

---

116   El filósofo Heráclito (544-484 a.C.) proclamó con fuerza la mutabilidad de la realidad y su ley de cambio incesante.

—Naturalmente. Y, ya sabes, si es preciso...

Los ojos de Guillermina se encendieron súbitamente, como si se les hubiese aplicado un tizón ardiendo.

—¡El oficial más simpático de la guarnición! ¡Un hombre bondadoso!

—¡No es un hombre, es un obstáculo!

—Frases de Pepe Cuevas. ¡Pero de eso a saltarse el obstáculo!

Estalló entonces la rabia en la antigua sirena fracasada, hoy forrada de astracán.

—¡Cobarde! El polvorín tiene que responder al movimiento. En la guardia hay muchos de los nuestros; me lo ha dicho Ramírez.

—¿Quién me da la señal?

—Yo, por teléfono. Ramírez se apoderará de la línea.

—Dame una consigna.

Guillermina titubeó un instante; al fin, secamente, dijo:

—La consigna será: «Tu abuelo ha muerto».

Se oyó, entre las sombras, la voz del oficial:

—Toca retreta.

Guillermina se alejó precipitadamente, mientras el oficial –un joven risueño– decía bromeando a Julio, viéndole llegar al cuartelillo:

—Tu novia, ¿eh?

—Es de mi familia. Vino a decirme que mi abuelo está muy grave.

—Mañana nos relevan y podrás ir a verle. ¿Heredas?

—No, mi teniente.

—¡Qué lástima, hombre!

Y sonrió, como un chiquillo, de su propia frivolidad. Juntos contemplaron el sendero que conducía a la carretera, por donde Guillermina luchaba con las sombras. Pronto se perdió al torcer la esquina de la tapa del cementerio, mientras rodaban por las vertientes, multiplicándose –estridentes, rígidas, con la dureza de unos discos de hojalata–, las notas del toque de retreta. El corneta –un adolescente, de cara de golfillo– escuchó un silbido al concluir su toque. Algún soldado filarmónico había sentido crispársele los oídos. El corneta dedicó al protestante un gesto procaz y fue a sentarse bajo el armero.

Todo el paisaje había desaparecido en las tinieblas. El rumor de la ciudad crecía al engullirse todos los del campo. Por el senderillo que conducía a un figón[117], frecuentado por empleados del cementerio, por alegres enlutados, profesionales de la muerte, de ancho galón de oro y tosco humorismo, llegaban soldados del destacamento libres de servicio, charlando en voz alta, empujándose y zahiriéndose, según el volumen de licor injerido. A uno de ellos –que había asistido a las reuniones clandestinas– Julio le llamó aparte y le dijo:

—Esta noche, oído a mi voz. Avisa a Martínez y a Bello.

El soldado comenzó a temblar. El hecho, con toda su brutalidad ya a su solo anuncio, le anonadaba.

—Pero nosotros... Aquí...

Desencajado, convulso, desapareció en el dormitorio. Julio comprendió que aquel hombre no obedecería. Había, de un golpe, medido su propia mezquindad ante la descomunal hazaña.

Se acostó vestido, esperando la llamada del cabo para entrar de centinela, aguzando el oído en dirección del cuarto del oficial donde se hallaba el teléfono. No pudo dormirse. Todo crispado, sufría horriblemente. Las horas no pasaban; iban, una a una, rezagándose, enrollando sus

---

117 *Figón*: Casa de poca categoría donde se sirven comidas.

cadenas de minutos a las sienes... Dieron las once; ya su cráneo iba a estallar bajo aquel peso formidable, iban a rompérsele todos los huesos que ardían bajo sus manos incapaces de arrancarse el hierro acumulado... Las doce. Se oyó la voz del cabo.

—A relevar.

Tuvo que ponerse en pie. El aire frío de la noche le templó aquella fiebre, le redujo aquel peso horrible. Minutos después se encontraba en el umbral del polvorín, con las manos en el cañón del máuser, frente a la ciudad ya en reposo, que apenas delataba su presencia por algún tenue rodar de carruaje, por algún tenue centelleo. Los dedos se le fueron agarrotando alrededor del fusil, los pies se le entumecían, dentro de sus gruesos zapatones. Una sombra se perfiló a algunos pasos.

—¿Quién vive?

—Soy yo, muchacho.

Era el oficial que venía de recorrer los puestos. Llegaba bisbiseando un aire de opereta.

—Si tienes frío, acércate al brasero, y ya diré que releven de hora en hora.

Las doce y media, la una, la una y media... Se acercaba el momento. Si Ramírez había logrado hacerse dueño de su cuartel, ya desde el cuarto de banderas del cuartel de San Luis podía comunicar la noticia a Julio. ¿Había pasado la hora fatal?

Quizá en aquel momento Ramírez y todos los camaradas yacían en un patio del cuartel, hechos blanco de docenas de balas...

Avanzaba la noche. Julio comenzó a respirar con menos ansiedad. Cada minuto que pasaba rompía un eslabón de la cadena enrollada a sus sienes, disminuía una décima su fiebre... ¡Si alcanzaba las dos, las tres de la madrugada! Pero la rampa descendente no era menos angustiosa. Había brincado el filo de la noche, pero la segunda vertiente le agobiaba. ¿Por qué no resbalar, por qué no atravesarla a la carrera, a una carrera sin freno?

Las dos. Iba a ser relevado. Tal vez en Augusta el sueño, el frío, el pánico, todo lo que entumece a los apóstoles, todo lo que les hacía quedar profundamente dormidos, habría estrangulado la aventura...

*

¡El teléfono! La angustia fue horrible. Julio sintió doblarse las piernas; percibió el ruido que hizo el oficial al salir de la poltrona, al rozar el gran brasero de bronce, al acercarse al teléfono; oyó sus palabras...

—Sí, yo le avisaré.

Y poco después, desde el umbral:

—Mira lo que dicen. Ya lo esperabas, ¿no? Tu abuelo ha muerto.

Tuvo que apoyarse en el fusil para no caerse. Se le nublaron los ojos, le castañeteaban los dientes, debió de cubrirle un velo de cal su rostro crispado; porque el teniente, compasivo, prosiguió:

—Vaya, muchacho, serénate. Ya veo que le querías mucho.

Tartamudeó Julio unas palabras sin sentido; se acercó al oficial, sin saber qué hacía, qué iba a hacer.

—Entra un momento. Vas a beberte conmigo un vaso de jerez. En cuanto toquen diana, te vas a casa y vuelves a la hora del relevo. Después volveremos todos. Y a la tarde, puedes quedar libre. Bebe.

Se sentó en el diván, con el fusil entre las piernas; el vaso zozobraba en sus manos; el oficial añadió sonriente:

—Bebe, hombre, bebe, y acuéstate. Eso no es nada. Te quedarán tus padres, tu novia...

—No tengo a nadie.

Súbitamente se empañaron de tristeza los ojos parlanchines del oficial; le ayudó a beber, a dejar el vaso en la bandeja, porque las manos de Julio temblaban, como epilépticas; le empujó suavemente al dormitorio.

—Ea, descansa.

Julio se vio tendido, arropado, vencido. Pronto reaccionó violentamente. ¡No! Cumpliría con su deber. El polvorín sería suyo. Mientras en la ciudad los camaradas tal vez estuviesen manteniendo a tiros sus posiciones, Julio, por una absurda compasión –¡llamaba compasión a su flaqueza!–, estaba malogrando el éxito. ¡Era urgente acabar con la farsa! ¡Tomar el mando del polvorín! ¡Tomar el mando! Paladeó la seductora palabra: *¡Mando!* Lo hizo foco de todas sus vehemencias, mástil arrogante de todas sus gallardías. *¡Mando!* ¿Por qué habían conspirado? ¿Por qué se habían jugado la piel? ¿Era por redimir al oprimido, por restablecer la justicia en el mundo, por castigar usurpaciones...? No. ¡Por el *mando!* Ramírez lo solía decir con una sencillez aterradora:

—Yo tomo el mando de la plaza. Antonio Guijarro se apoderará del cuartel de la Victoria. Cuevas se hace cargo del Gobierno civil...

Y aquella tarde habría dicho:

—Julio Aznar, que está destacado en el polvorín, tomará el mando de aquellas fuerzas...

Súbitamente lo decidió:

—¡Tomaré el mando!

Se acercó a Martínez, lo llamó suavemente, después con rudeza... No contestó Martínez. Lo mismo ocurrió con Bello, con los otros conjurados. ¡Dormidos, dormidos profundamente! (¿O es que no querían abandonar aquella trinchera de su inhibición?)

—¡Cobardes! –murmuró Julio–. Yo haré que os despertéis de otra manera, si es que dormís, que no lo creo.

Salió del dormitorio. Cuando se dirigía al armero vio al teniente desaparecer entre las sombras, tarareando, como siempre, su opereta.

—Va otra vez a recorrer los puestos –pensó Julio–. Aguardaré. Puedo verle llegar desde cualquier ventana del dormitorio.

Las tres. La tardanza le comenzó de nuevo a espesar el tiempo alrededor de las sienes, a oprimírselas como en un potro medieval. Tuvo que recostarse, abrumado; un sueño violento, lleno de transiciones, de altibajos, de segundos de espantosa vigilia, de nieblas, de brumas ardientes, de cenizas espesas, de galopes de caballos sobre su frente, de culatas de plomo sobre su pecho...

*

...Y allá, en Augusta, un oficial rodando por el cuarto de estandartes, un teléfono en poder de Ramírez, un grupo borroso de soldados que se reparten por la ciudad, que se filtran por las redacciones, que aguardan el despertar de los obreros, la salida del general para brincar sobre su cadáver y sustituirle en el mando... En el cuartel, el sargento de la guardia, hecho un ovillo, inmóvil dentro de su capote, aguarda también la autopsia; un capitán de servicio se acoquina –encerrado– en su departamento; los soldados van y vienen en pleno desconcierto; algunos, como los del polvorín, pretenden inhibirse, se niegan a mutilar con una aventura aquella fría noche que no puede no tener nunca amanecer... Y el «elemento extraño», Pepe Cuevas, con sus gafas de hombre fatigado por haber leído tantos proyectos de redención social; Pepe Cuevas entrando en el cuartel, en nombre del poder civil; un vendedor de quiosco, un proveedor de ideas urgentes, al minuto, de ideas apasionadamente elaboradas en Madrid, no en vista de un conocimiento profundo de los pueblos, sino para satisfacer una necesidad de empresa, un capricho de ambicioso, para inclinar *un mando* hacia la vanidad de un hombre... Y la mañana que se acerca con su horrendo problema de desigualdad de medios para sostenerse en aquel *mando* de tres horas. ¿En qué otro cuartel habrán *secundado el movimiento?* ¿Y el polvorín? Los cuarteles, herméticos, sólo son largos edificios silenciosos cuyas entrañas no rebullen, cuyos muros no dan paso al grito cómplice. La mañana se acerca con todo su aparato legal, normal, en jarras ante aquel menudo grupo de sonámbulos que recorren la ciudad persiguiendo el *fantasma del mando.* Cuando se asome el sol a contemplar aquella rebelde nebulosa disparará sobre ella sus rayos más irónicos, la desvanecerá como se desvanece una pompa de jabón; cuando se asome el Estado —dueño y señor del plomo y de la ley mantenida por el plomo— la pequeña hueste de soñadores que ahora recorre Augusta sufrirá una espantosa sacudida que les hará volver a la vida humilde donde el mando se escalona, como en el pentagrama, según las reglas de un juego inexorable; la pequeña hueste de soñadores quedará aplastada por toda una mole de artículos del Código y proyectiles del máuser.

Será un toque de diana espantoso, un despertar horrendo. Estos sonámbulos han flanqueado las puertas del
cuartel con dos cadáveres; han pasado sobre ellos para
anunciar a Augusta el nuevo régimen entrevisto, acariciado
en un sueño; *han realizado sus sueños,* han teñido en sangre
sus manos, sus dedos, que van hiriendo las sombras de la
ciudad sin que se les oponga dureza alguna, porque la
ciudad está durmiendo, está al margen de la «dura ley, pero
ley»[118]... La ciudad también está soñando, como el pequeño
grupo que la recorre. Todo duerme, todo reposa, excepto
estos pobres sonámbulos que al pasar, inconscientes, de-
rriban a dos hombres. Cuando la ciudad se lave los ojos no
podrá creer que uno de sus ensueños se haya intentado realizar. ¡Cuántas veces ha soñado en viajes sobre el tapiz vo-
lador, y el tapiz no se ha movido de ningún gabinete; ha
continuado quietecito a los pies del sofá! ¡Cuántas veces ha
soñado derribar a los desaforados gigantes que flanquean
las puertas de la arbitraria Ley, sin que ninguna mañana
haya podido verlos hechos polvo ante la buena y generosa
Ley que no reconoce privilegios ni caprichos! ¡Cuántas
veces soñó Augusta, sin que nunca se cumpliesen sus ensueños, y hoy estos felices sonámbulos, sin contar con la
Ciudad, pretendían tomar el mando de ella, volver al revés
toda la escala! ¡Ahí están! Una luz macilenta va alum-
brando a través de las calles, de las plazas, su indeciso trayectoria de sonámbulos. Por unas horas se han creído señores de la ciudad y han salido a tomar posesión de ella; han
realizado su ensueño, han derribado los dos guardianes de
la Ley, han pasado sobre unos despojos y allá van cara al
frío amanecer, al duro e inflexible amanecer con quien se
darán de bruces y se romperán el cráneo.

---

118 Irónicamente alude Jarnés a esta famosa frase sobre la inevitabilidad de
     la ley que proviene del *Digesta Iustiniani* (40, 9, 12), una compilación de
     jurisprudencia solicitada por el emperador Justiniano a dieciséis juris-
     consultos y promulgada en el año 533.

El amanecer está ahí, como un blanquecino muro de granito, valla inexorable. Cuando el grupo de sonámbulos despierta, emprende —aterrado— la fuga... Excepto unos pocos que quedan allí, dentro del cuartel, acribillados a balazos; en salvo algunos para esperar otro helado amanecer que les servirá de lápida.

*

De pronto —¿a qué hora?— se alza la voz casi infantil del oficial.

—¡A formar! ¡Volando!

Y en cinco minutos —al fondo de la tímida luz lechosa del amanecer— lívida, azorada, crispada, se alineó en el umbral toda la fuerza del polvorín. Al oficial le temblaba el sable en las manos, cuando dijo:

—Unos insensatos del cuartel de San Luis han asesinado al oficial de guardia y han querido apoderarse de los cañones y de todas las armas. Han bastado unas descargas desde fuera para que se rindiesen. Hay varios muertos, uno de ellos paisano, dueño de un quiosco. Los rebeldes están presos, serán sometidos a juicio sumarísimo. Prepárense para regresar a la plaza. Nuestro regimiento ha sido designado para dar la guardia exterior del cuartel de San Luis, y seguramente para nombrar el piquete de ejecución.

La voz quedó allí, haciendo retemblar los muros de piedra, los muros de carne, engulléndose todo otro rumor. No se percibía ningún latido humano; el de los fusiles, el de los platos y cantimploras que rozaban los botones del capote, el del sable del oficial, todos los ruidos metálicos, duros, indiferentes, llenaban completamente tan enormes espacios vacíos de palpitación vital. Contenían todos el aliento; andaban como sombras alrededor del fantasma de un hecho, de un hecho abrumador, agresivo, que se alzaba allí, a pocos kilómetros, que les hacía engarabitar todos los nervios, que les endurecía todos los resortes.

¡Una sedición! ¡Una fila de espectros ensangrentados! ¡Un muro humano aguardando el piquete de camaradas que apuntarán hacia él, que le acribillarán a balazos!

Iba cayendo en los platos el líquido humeante. Nadie pudo tomar el desayuno. Se miraban unos a otros como sonámbulos incapaces de reconocerse. Eran ya muñecos, sólo muñecos rojos y azules, que una voz empujaría contra otros, que una voz haría mover un pequeño resorte de matar, evolucionar ante sus víctimas, como ante una bandera.

No tardó en llegar el nuevo destacamento. Traían los soldados la misma lividez de una mañana fosca en la que no apunta el sol. Los oficiales hablaron aparte, los sargentos, los cabos; el nuevo corneta se acercó sigilosamente a Julio:

—¡Buena la habéis hecho! ¿Por qué no te escapas?

—¿Yo?

—Desde aquí es mucho más fácil. Yo pienso hacerlo en seguida, en cuanto detengan a Guillermina.

—Habrá roto la lista.

—Esta mañana no pude enterarme. Era imposible averiguarlo.

—Te avisaré a aquella taberna.

—Buena suerte, Julio.

Regresaron a Augusta, ya en estado de guerra. Tropas a lo largo de las calles que rodeaban el cuartel de San Luis. Idas y venidas de jefes, silencio abrumador, congojas, incertidumbres...

El oficial iba al frente: no pudo advertir la maniobra. Alguien se pegó al costado de Julio, mientras dejaba caer estas palabras:

—Se han quemado los papeles. No hay miedo...

Era un joven de blusa azul, que llevaba al hombro un saquillo de herramientas.

Julio pudo seguir andando más tranquilo. El primer oleaje no le había derribado.

*

El cuartel de San Luis ocupaba toda la acera de una calle donde Julio había vivido unos meses. Siempre recordaba aquellas noches de estío en que un cínico grupo de soldados, completamente desnudos, con el correaje sobre la piel, montaban una guardia pintoresca. Toda la calle se había escandalizado al ver pasear por el dormitorio a cuatro robustos mocetones sin más traje que el fusil y unas correas. Las púdicas muchachas de la acera de enfrente, después de contemplar el espectáculo, se sintieron súbitamente ultrajadas y dieron cuenta del desfile a las autoridades. ¡Era aquello instalar un prostíbulo abierto en medio de la ciudad!

Desde entonces las ventanas conservaban un púdico hermetismo; por ello nada podía verse de aquella tragedia que iba a tener fin a la mañana siguiente.

El proceso fue tan rápido como el pensamiento del juez; pero de su velocidad nada podía advertir la muchedumbre. Julio –por un milagro de inercia mantenido en pie– se encontró de pronto al remate de un piquete ejecutor. El azar le había jugado esta mala partida. Pero él dispararía al aire o contra el suelo.

Los siete reos fueron bajando en hilera, flanqueados cada uno por esos fúnebres representantes de la eterna vida que nunca suelen faltar a la hora de abandonar la vida llamada provisional. Bajaban firmes, bien puesta la careta de su serenidad, empujados por un código marcial inapelable, hacia su postrera fila táctica. Uno de ellos –herido en la escaramuza de la noche– venía sentado en una silla conducida por otros soldados. En el patio, a derecha e izquierda, las tropas; frente a los reos, el piquete, los testigos. Se oyó la voz de Ramírez que increpaba al herido:

—¿Vas a morir así, sentado?

El herido, trabajosamente, se puso en pie. Momentos después caía con todos sus camaradas.

¿Con todos? No; alguien quedó en pie, con una indescriptible crispación en el rostro intacto, en el cuerpo entero intacto. Alguien, a un extremo, quedó mortalmente sano, mortalmente libre del plomo, con la espantosa angustia de quien va a morir dos veces, en la suprema incertidumbre de si aun está en el mundo o en la nada.

A Julio, horrorizado, se le doblaron las piernas.

Después, un trance de pesadilla: un infeliz teniente que va a conceder a los mal heridos «la gracia» de rematarlos, al reo en pie «la gracia» de acabar con su espantosa oscilación sobre el abismo. El brazo temblón se adelanta, en vano intenta apuntar, dispara sobre un montón aún palpitante, sobre unos ojos abiertos que se desprenden de sus órbitas para recibir por segunda vez la muerte.

Bajo los tres pabellones del hospital se extendía un lavadero.

Rectangulares, oblicuos a la alta verja que separaba el jardincillo castrense de la gran colmena exterior, los tres pabellones, sobre todo en las tardes de otoño y primavera, abrían sus ventanas al chillón oleaje de blancura que ondulaba entre postes y alambres, sostenido por pinzas, insectos de madera que le impedían alzar definitivamente el vuelo. De blancura absoluta, en crudo, sin un alivio gris. Y entre las olas, el hervor de una risueña fauna que salpicaba los pabellones de epítetos, de chistes, de insultos: las lavanderas.

La escaramuza se repetía todas las tardes. Dos guerrillas se lanzaban mutuamente proyectiles, que se espesaban en el ala izquierda. Porque los tres pabellones no padecían idéntica belicosidad. El del ala derecha, el llamado «de cirugía» era el más respetado; le seguía el central «de medicina», y, por fin, el «de venéreo». En el primero se curaban los héroes de la guerra, los heridos por Marte[119]; en el segundo, los heridos sencillamente por la vida, nerviosos o reumáticos, biliosos o cardíacos, el tropel indefinido de enfermos sin combate; en el tercero, por el contrario, se curaban los héroes del amor, los heridos por Venus, los gloriosamente caídos en la lucha; por eso la fauna hirviente del lavadero, que respetaba a los héroes, que desdeñaba a los neuróticos, sonreía, increpaba —entre cínica y amorosa— a los heridos por Afrodita de oro. En ellos se concentraban duramente los ataques, repelidos a veces, desde el pabellón, con proyectiles del calibre máximo, del calibre apenas utilizado, por grueso, en cualquier «barrio chino». Los soldados del centro y ala derecha asistían alegremente a las descargas cuyo objetivo era siempre el sector propicio a Venus.

---

119   *Marte*: En la mitología clásica, dios de la guerra.

Las lavanderas jóvenes recibían allí, de sus compañeras ya maduras, espléndidas lecciones de estrategia erótica; aprendían modos de hablar inusitados en los hogares, aun en aquellos donde el jefe de familia suele regresar, las noches sabáticas, en pleno estado de desenfreno lingüístico y de esclavitud dinámica. Las muchachas aprendían también el arte de perder, mucho antes que su fragancia virginal, la llama del pudor. Desde allí, con tales maestras y tales «casos prácticos» –apelotonados en el ala izquierda– podían lanzarse confiadas al combate. Asistían a la escuela en silencio; sin contar las precoces, porque nunca faltaron en el arte de amar, «niños prodigio».

Julio convalecía en el pabellón central, víctima de una tremenda crisis nerviosa que había perturbado parcialmente sus faenas mentales. Tres semanas habían transcurrido desde el gran fracaso del cuartel de San Luis, y desde entonces Julio había vivido en plena región de los sueños, acosado por fantasmas, aplastado por culatas, crispado ante unos ojos desorbitados que le pedían la muerte. Durante las primeras noches, con sus voces, sembró el terror en la sala.

—¡Debí matarlo! ¡Debí matarlo!

¿Era el espectro que en la fila de ejecutados, vio venir dos veces la muerte? ¿Acaso el proyectil de Julio estaba precisamente destinado para atravesar el corazón de aquel terrible superviviente, unos segundos superviviente de la catástrofe?

—¡Debí matarlo! ¡Debí matarlo!

A veces se acercaba a Julio –inconsciente, febril– un oficial de boca y ojos risueños, que arropaba al enfermo, que se informaba cuidadosamente de su estado. Era el oficial «de visita» que con más solicitud atendía a los soldados. Pero a Julio venía a verle aun en días que no estaba de servicio. Hoy, desde el umbral, viendo la cama vacía, preguntó:

—¿Y Julio?

Era la primera tarde que Julio asistía a aquella alegre escaramuza de lavanderas y soldados. Desde su ventana de «vencidos por la vida», escuchaba los aplausos dedicados a los héroes de la guerra y las cuchufletas disparadas contra los héroes del amor. Por primera vez se dio allí cuenta de que el neurótico es poco menos que un ente despreciable, sin cotización ninguna entre las hembras, con escasa valoración entre los hombres. El neurótico podrá ser un héroe momentáneo, en esos trances en que el suicidio se ofrece como un placer, pero es incapaz de heroísmos perdurables, de persistencias útiles.

Al ver al teniente se produjo un armisticio. Los soldados volvieron la cabeza, respetuosos.

—Sigan, sigan ustedes... Oye, Julio.

Se le acercó, en silencio.

—¿Te acuerdas de mí?

Vagamente. Le había visto, en sus delirios, curvarse sobre él, tomarle el pulso.

—Sí, mi teniente.

—Estás ya bien, muy bien... Quiero despedirme de ti, porque me voy al extranjero... Quizá abandone el ejército...

—Gracias, mi teniente. Que tenga suerte.

El oficial no contestó, siguió mirando afablemente a Julio; parecía quererle decir algo, no del todo fraguado en palabras, algún hondo pensamiento que buscaba formas sencillas, amables; algún reproche del cual intentase suavizar todas las aristas. Por fin, en voz muy baja, insinuó el teniente:

—Conozco tu preocupación... Tu extraña manía, durante la fiebre... ¡Es curiosa! –Después de unos instantes prosiguió–: Oye... ¿Quieres decirme una cosa?

—¿Por qué no?

El teniente acentuaba su afabilidad, su sonrisa.

—Decías: «¡Debí matarlo!»... ¿Recuerdas?

—Sí.

—¿Quieres decirme... *a quién debiste matar?*

Se abatieron unos párpados, cayeron flojos unos brazos, se tiñó de fuego una cara, unas turbias palabras emprendieron atropelladamente la salida, una salida fracasada; tembló todo su organismo, iba a paralizársele de angustia el corazón...

Añadió el teniente:

—Si yo lo sé, Julio; yo lo sé. En seguida lo supe... Me bastó averiguar que hacía algunos años que no vivían tus abuelos... Y yo mismo logré que nadie más lo supiese todo. Los que hubieran podido denunciarte habían muerto... ¡Había ya bastantes víctimas! Además... yo no puedo hacer esas cosas. Como tú, lo mismo que tú, soy incapaz de odiar. Óyelo bien, Julio. Somos incapaces de odiar. Padecemos una terrible dolencia: *la incapacidad de odiar.* Y sin odio, sin un último lastre de odio, nadie querrá instaurar la justicia en el mundo... La generosidad –ahora, en el mundo entero– es sólo cobardía, o se le parece mucho... ¿Somos unos cobardes, Julio? ¡Si es así, te felicito! No, no debiste matarme. Tampoco yo debía matarte. Sigamos viviendo y gozando de nuestra cobardía.. Si quieres llamarla así. Ya sabes, Julio... En cuanto el espíritu comienza a trabajar, el odio pierde mucho terreno. El espíritu es una llamarada azul, en plena libertad, por encima de toda argolla. Cuando es preciso romperlas, es verdad, es una triste verdad, hay que aplicar ascuas rojas, lenguas rojas implacables. Aplaudamos la roja rebeldía mientras se aplique a destrozar cuanto nos encadena. Pero el odio es la profunda negrura, es la más despreciable mazmorra, es la absoluta negación del color, de toda vida. ¡No, no hemos debido matarnos, Julio!

—Sí, hemos sido unos cobardes.

—Hemos sido generosos. Y debemos escudarnos en nuestra generosidad como en una religión, ¡como en la única religión fecunda!

—¿Y los demás?

—Que aquel que no pueda gozar de una libre e intensa vida se encadene odiando.

FIN